¡Viva el español!

Workbook
Annotated Teacher's Edition
¡Hola!

John De Mado
Linda West Tibensky

Marcela Gerber, Series Consultant

The McGraw-Hill Companies

www.WrightGroup.com

Printed in the United States of America.

Send all inquiries to:
Wright Group/McGraw-Hill
P.O. Box 812960
Chicago, Illinois 60681

ISBN: 0-07-602898-4

3 4 5 6 7 8 9 10 MAZ 11 10 09 08 07 06 05

The McGraw-Hill Companies

Contenido

¡Bienvenidos!

Unidad 1

Unidad 2

Unidad 3

Unidad 4

Unidad 5

Unidad 6

Repaso Unidades 4–6 85

Unidad 7

Unidad 8

Unidad 9

Unidad 10

¿Cómo se dice?

Nombre ____________________

Textbook pages 4–6

A. You heard a conversation about Arturo, Rosa, and señorita Jiménez. Unscramble the letters below the answer blank to form a word and complete each statement you heard.

M ¿Cómo se llama la **chica** ?
acihc

1. Se llama Rosa.
malla

2. ¿Cómo se llama la señorita?
omóC

3. Se llama señorita Jiménez.
ñosetari

4. El chico se llama Arturo.
icohc

B. You are the teacher and there are five new students in class. Find out what their names are. Write the answers on the lines below.

M a. ¿Cómo te llamas?
b. Me llamo Carlos.

El niño se llama Carlos.

Answers will vary. Have volunteers ask and answer the question as you write sample responses on the chalkboard.

1. ____________________

2. ____________________

3. ____________________

4. ____________________

5. ____________________

¿Cómo se dice?

Nombre ______________________________

Textbook pages 7–10

A. It's very noisy around school today. You can only hear half of each conversation. What do you think the other person is saying? Choose the question or answer that should complete the conversation. Write its letter in the empty balloon.

a. ¿Cómo estás?
b. ¡Buenos días!
c. Me llamo Beto.
d. ¿Cómo te llamas?
e. ¿Cómo se llama el chico?
f. Muy bien, gracias.
g. ¡Buenas tardes!
h. ¡Hola!

M **1.**

2.

3.

4.

5.

Extension: After reviewing the answers with the class, you may continue the activity by showing transparencies of textbook pages 4, 7, and 8 with one speech balloon covered up. Have the class think of possible statements for the balloon.

¿Cómo se dice?

Nombre ______________________

B. Andrés and María are trying to hold a conversation. Help them out by finding the word that is missing. Write the word on the line.

pronto	gracias	llamo	Buenas
Cómo	luego	✓ Hola	días

M ANDRÉS: ¡Hola! ¿Cómo estás?

1. MARÍA: Buenos días.
2. Bien, gracias.
3. ANDRÉS: ¿Cómo te llamas?
4. MARÍA: Me llamo María.
5. ANDRÉS: Hasta pronto *or* luego, María.
6. MARTA: Hasta luego *or* pronto, Andrés.

C. Someone has erased the punctuation marks on your page! Choose the punctuation marks that go with each line. Then write the marks on the line.

M LUIS: ¡Buenas tardes!

1. Cómo te llamas ¿Cómo te llamas?
2. ELENA: Buenas tardes Buenas tardes.
3. Me llamo Elena Me llamo Elena.
4. Y tú, cómo te llamas Y tú, ¿cómo te llamas?
5. LUIS: Me llamo Luis Me llamo Luis.
6. ELENA: Adiós, Luis ¡Adiós, Luis!
7. LUIS: Hasta pronto ¡Hasta pronto!

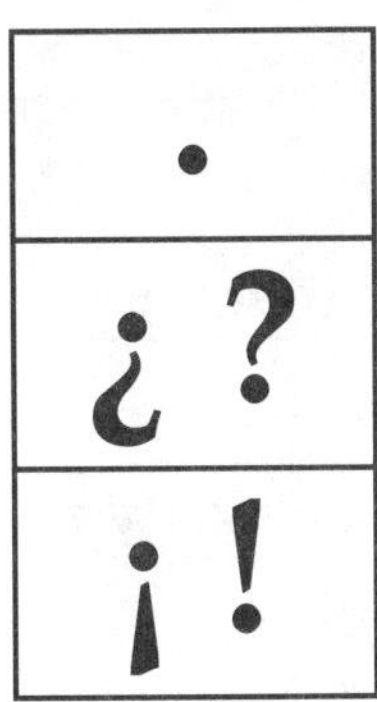

¿Cómo se dice?

Nombre ____________________

D. You and your friends greet each other every day. To keep from getting bored, try to change greetings. Write at least one or two responses to each statement. Answers will vary. Allow students to refer to their textbooks.

M ¡Adiós! **¡Hasta luego! ¡Hasta pronto!**

1. ¡Hola! **¡Hola! ¡Buenos días! ¡Buenas tardes! ¿Qué tal?**
2. ¿Cómo estás? **Muy bien. Bien, gracias. Más o menos. Así, así. Muy mal.**
3. ¡Hasta mañana! **¡Hasta luego! ¡Hasta mañana! ¡Hasta pronto! ¡Nos vemos pronto! ¡Adiós!**
4. ¿Qué tal? **Muy bien. ¿Y tú? Bien, bien. No estoy bien. Estoy muy mal.**

¡Piénsalo!

You may wish to do this as a timed activity, giving students one or two minutes to answer the questions.

1. Circle the greeting you would use at 7:30 in the morning.

   Buenas tardes. Buenos días. (circled) Buenas noches.

2. What do you say when someone asks you this question: **¿Cómo te llamas?**

   Me llamo (name).

3. Circle the answer you might give if someone asks you this question: **¿Cómo estás?**

   ¡Hasta luego! Se llama Juan. Muy bien, gracias. (circled)

4. Circle the greeting you would use at 9:00 at night.

   Buenas tardes. Buenos días. Buenas noches. (circled)

¿Cómo se dice?

Nombre ______________________

Textbook pages 11–12

○ **A. Rosalía and Rodrigo are making a picture of their classroom. To check what they have included, write the number next to the correct word in the lists below. One has already been done for you.**

M __2__ la luz

__6__ el pizarrón

__4__ la computadora

__5__ el pupitre

__7__ el escritorio

__1__ la puerta

__3__ la silla

Extension: Play a game with the class. Label various objects in your classroom with numbers. Call out a number and have students find the number in the classroom and tell you the name of the object.

¿Cómo se dice?

Nombre ______________________

B. Draw your own classroom! Label each object or person next to its picture.

¿Cómo se dice?

Nombre ____________________

Textbook pages 13–16

A. Help Josefina finish the labels for her pictures. Read the sentence and write in the missing letters to complete the label.

M Es el es_c_ _r_ _i_torio.

1. Es el _p_ _i_ _z_arrón.

2. Es el m_a_ _e_ _s_tro.

Es un _h_ _o_ _m_bre.

3. Es el a_l_ _u_ _m_no.

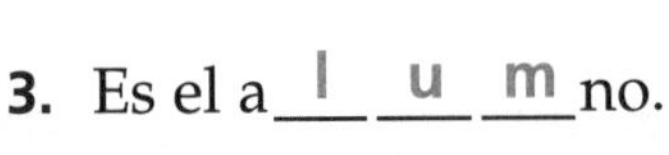

4. Es la _s_ _i_ ll _a_.

5. Es la ma_e_ _s_ _t_ra.

Es una mu_j_ _e_ _r_.

Extension: After reviewing the answers with the class, continue the activity by writing names of classroom objects with missing letters on the chalkboard. Point to the objects in your classroom and have students fill in the missing letters.

¿Cómo se dice?

Nombre ______________________

B. Paco wants to ask you about the classroom, but he doesn't always ask the right question. Help him out. Circle the letter of the question he should ask.

M Es la computadora.
(a.) ¿Qué es?
b. ¿Quién es?

1. Es la luz.
   (a.) ¿Qué es?
   b. ¿Quién es?

2. Es la alumna.
   a. ¿Qué es?
   (b.) ¿Quién es?

3. Es el maestro.
   a. ¿Qué es?
   (b.) ¿Quién es?

4. Es el escritorio.
   (a.) ¿Qué es?
   b. ¿Quién es?

5. Es la silla.
   (a.) ¿Qué es?
   b. ¿Quién es?

6. Es la maestra.
   a. ¿Qué es?
   (b.) ¿Quién es?

C. Hortensia fell asleep in class and doesn't know all the words! How do you answer her questions? Write the answer to the question on the lines. If the answer is no, write the correct one.

M ¿Es el pupitre?

No, no es el pupitre. Es la alumna.

M ¿Es el escritorio?

Sí, es el escritorio.

1. ¿Es la alumna?

No, no es la alumna. Es el maestro.

2. ¿Es la luz?

No, no es la luz. Es el pizarrón.

3. ¿Es la silla?

Sí, es la silla.

4. ¿Es el libro?

No, no es el libro. Es la computadora.

¿Cómo se dice?

Nombre ______________________

Textbook pages 17–20

○ **A. This classroom is really crowded! Count the items you see and write the words for the numbers you have counted.**

M

tres	pizarrones	un	escritorio
quince	alumnos y alumnas	seis	computadoras
siete *or* quince	niños	dos	puertas
ocho	niñas	cinco	luces
dos	maestros	veintidós	pupitres

Allow students to use their textbooks to check spellings of numbers.
Extension: Have students count the elements in their own classroom, then check their answers in pairs.

¡Piénsalo!

Circle the highest number in each row.

1. catorce quince trece (veinte)

2. nueve (diez) siete cuatro

3. dieciséis (dieciocho) diecisiete once

4. dos veintidós doce (veintitrés)

¿Cómo se dice?

Nombre ____________________

Textbook pages 21–23

○ **A.** **Pepito's computer is broken. It has changed all the numerals of his addition problems into words. Change the words into numbers.**

M Cuatro más uno es cinco.

4 + 1 = 5

1. Diez más dos es doce.

   10 + 2 = 12

2. Once más diez es veintiuno.

   11 + 10 = 21

Now Pepito needs words, and the computer will only write numbers! Write the addition problems with words.

M 7 + 8 = 15

Siete más ocho es quince.

1. 9 + 14 = 23

   Nueve más catorce es veintitrés.

2. 1 + 12 = 13

   Uno más doce es trece.

◐ **B.** **Luisa has called to ask you for the telephone numbers of some classmates. Before you read them to her, write down the words for each number.**

M Víctor: 342-8732

tres, cuatro, dos, ocho, siete, tres, dos

1. Juanita: 863-5060

   ocho, seis, tres, cinco, cero, seis, cero

2. Anselmo: 585-9864

   cinco, ocho, cinco, nueve, ocho, seis, cuatro

3. Timoteo: 765-8743

   siete, seis, cinco, ocho, siete, cuatro, tres

¿Qué es?

Nombre ______________________________

No es un hombre ni una mujer, no es una niña ni un niño, ¿qué es?

—¡Hola, amigos! Todo el día escucho: hola, adiós, buenos días, buenas tardes, buenas noches, hasta pronto, hasta luego y hasta mañana. Estoy en el escritorio. ¡Estoy muy bien! Mi número es el cuatro, cinco, tres, dos, siete, cero, cuatro. Me llaman y sueno RIIIIIIIINNNN . . .

1. ¿Es una niña?

   No, no es una niña.

2. ¿Es un pizarrón?

   No, no es un pizarrón.

3. ¿Cuál es su número?

   Es el cuatro, cinco, tres, dos, siete, cero, cuatro.

4. ¿Cómo está?

   Está muy bien.

5. ¿Qué es?

   Es el teléfono.

Draw the answer to the riddle in the box.

Nombre ___________________________

Busca el número

Find the name of the number in each row. Draw a circle around the word that names the number on the left. Follow the model by tracing the circle.

7	tres	ocho	dos	(siete)	cuatro
5	(cinco)	tres	quince	seis	uno
12	ocho	dos	once	(doce)	siete
4	veinte	(cuatro)	diez	catorce	dos
13	nueve	tres	(trece)	cinco	uno

Conexión con las matemáticas

Write the number that is missing to make each problem correct. You can write out the sums in numbers as a hint!

M Cinco más **cuatro** es nueve.

1. Diez más **cinco** es quince.

2. Once más **nueve** es veinte.

3. **Catorce** más doce es veintiséis.

4. **Diecisiete** más cuatro es veintiuno.

5. Veintitrés más **seis** es veintinueve.

¿Cómo se dice?

Nombre ______________________

Textbook pages 26–29

A. Claudia made a poster of her classroom. Now she's teaching her mother about the things there are in her classroom. Read each sentence, and then draw a line from the sentence to the correct picture.

M 1. Es la bandera.

2. Es el borrador.

3. Es la papelera.

4. Es el globo.

5. Es el mapa.

6. Es el marcador.

7. Es la mesa.

8. Es la pared.

¡Piénsalo!

Circle the largest object in each row. Draw a box around the smallest object in each row.

1. el borrador la ventana el reloj
2. el pupitre el globo la tiza
3. la tiza el mapa la puerta
4. la mesa la papelera la pared

¿Cómo se dice?

Nombre ____________________

Textbook pages 30–33

A. **Mario has a messy desk! How in the world can he fit so many things in his desk? Tell Mario what he has. On the line beside each number, write the name of the object with that number. The first one is done for you.**

Extension: Have students list the contents of their own desks, lockers, or a closet in the classroom.

1. Tienes un libro.
2. Tienes un borrador.
3. Tienes una regla.
4. Tienes un bolígrafo.
5. Tienes una hoja de papel.
6. Tienes un cuaderno.
7. Tienes un lápiz.

¿Cómo se dice?

Nombre ______

Textbook pages 34–39

A. Sergio is preparing a report about his classroom. Help him complete his sentences. Choose the word you would use to complete the sentence according to the picture. Write the word in the blank.

ventanas	reloj	maestro	mapas	alumnos	✓ bandera

M En el salón de clase hay una **bandera**.

1. Hay tres ventanas.
2. En la pared hay un reloj y dos mapas.
3. En el salón de clase hay un maestro y diez alumnos.

B. Change the words from Exercise A from one to more than one, or from more than one to one.

M una bandera

cuatro **banderas**

1. tres ventanas

   una ventana

2. un reloj

   tres relojes

3. dos mapas

   un mapa

4. un maestro

   cinco maestros

5. diez alumnos

   un alumno

Nombre ______________________

C. Julia needs your help. She doesn't know how to change the words in her list to show more than one. Circle the ending you would add to each word and write the word in the blank.

M mujer	s	(es)	**mujeres**
1. hombre	(s)	es	**hombres**
2. reloj	s	(es)	**relojes**
3. pared	s	(es)	**paredes**
4. pupitre	(s)	es	**pupitres**
5. regla	(s)	es	**reglas**
6. papel	s	(es)	**papeles**

D. How well can you talk about more than one thing? Decide whether you would use *s* or *es* to talk about more than one to a friend. Write the word in the blank.

M Tienes un televisor.

Tienes dos **televisores**.

1. Tienes un marcador.

Tienes dos **marcadores**.

2. Tienes un globo.

Tienes dos **globos**.

3. Tienes un borrador.

Tienes dos **borradores**.

Nombre ______________________

E. How well do you know your own classroom? Count the number of objects or people. Then write the answer.

M ¿Cuántos mapas hay en el salón de clase?

Hay dos mapas.

1. ¿Cuántas mesas hay en el salón de clase?

   Answers will vary. Accept reasonable responses.

2. ¿Cuántas alumnas hay en el salón de clase?

   ____

3. ¿Cuántos borradores hay en el pizarrón?

   ____

4. ¿Cuántos pupitres hay en el salón de clase?

   ____

5. ¿Cuántos relojes hay en las paredes?

   ____

If the number of objects or people indicated in the question is zero in the classroom, remind students to write **Hay cero . . .**

Extension: After reviewing the answers with the class, continue the activity by asking questions about other objects in the classroom.

F. Now you can write a report about your classroom. Use all the words you have learned. Look at what you wrote in Exercise E, and add some new ideas.

____

____

____

____

¿Cómo se dice?

Nombre ____________________

Textbook pages 40–43

A. It's Visitors' Night at school and you have been assigned the task of making labels for items in the classroom. Write the word *el, los, la,* or *las* on each label.

M

el cuaderno

1.

las ventanas

2.

el marcador

3.

los escritorios

4.

las papeleras

5.

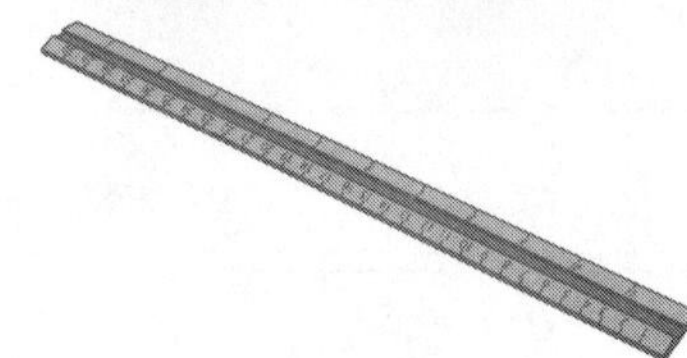

la regla

Extension: Have students make labels for objects in your classroom.

Nombre ______________________

B. You and your friends are playing "Find the Question." For each answer, find the right question from the box. Then write it on the line above the answer.

¿Qué es?
¿Qué son?
¿Quién es?
¿Quiénes son?

M ¿Quién es?

Es el maestro.

1. ¿Quién es?

Es un amigo.

2. ¿Qué son?

Son los lápices.

3. ¿Qué es?

Es el salón de clase.

4. ¿Qué son?

Son los pupitres.

5. ¿Quiénes son?

Son Rogelio y Susana.

6. ¿Qué es?

Es un libro.

7. ¿Quiénes son?

Son las alumnas.

8. ¿Qué es?

Es una silla.

¡A leer!

Nombre ______________________________

Read the dialogue and answer the questions.

¿Cuántas Marías hay?

MAESTRA: A ver, ¿cuántas niñas hay en el salón de clase? ¿Cómo te llamas tú?

MARÍA A.: ¡Yo me llamo María Amparo!

MARÍA B.: ¡Yo soy María Blanca!

MARÍA C.: ¡Yo me llamo María del Carmen!

MARÍA D.: Y yo soy María Dolores. . .

JOSÉ MARÍA: Yo me llamo José María. . .

NIÑAS: ¡Tú eres un niño!

MAESTRA: ¿Cuántas niñas hay, Mónica?

MÓNICA: Yo, y cuatro Marías.

1. ¿Cuántas niñas hay en el salón de clase?

   Hay cinco niñas en el salón de clase.

2. ¿Cuántos alumnos hay en el salón de clase? ¿Cómo se llama el niño?

   Hay seis alumnos en el salón de clase. El niño se llama José María.

3. ¿Cuántas maestras hay en el salón de clase?

   Hay una maestra.

4. ¿Cuántas Marías hay en el salón de clase?

   Hay cuatro Marías.

Now imagine the classroom. On a piece of paper, draw the girls on one side and the boys on the other side. Label each drawing.

Nombre ______________________

CONEXIÓN CON LAS MATEMÁTICAS

Use the rulers to measure each object. Decide whether the measurement is in centimeters *(centímetros)* or in meters *(metros)*. Use the word *mide* to tell how long each object is.

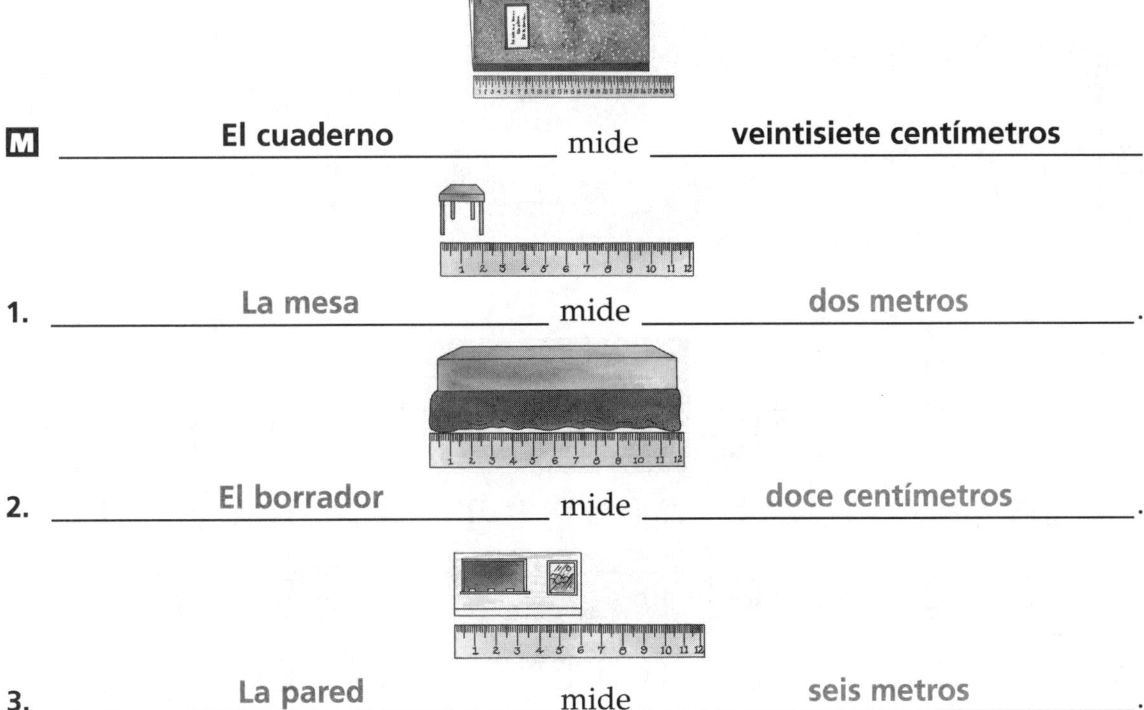

M **El cuaderno** mide **veintisiete centímetros**.

1. La mesa mide dos metros.

2. El borrador mide doce centímetros.

3. La pared mide seis metros.

¡APRENDE MÁS!

The Spanish alphabet is almost like the one you know in English. But the sounds that the letters stand for are not all the same. In most cases, letters are written the same way. Some of the letters stand for special sounds. These letters are different from the ones you know. Look at the alphabet below and circle the letters that are different.

El alfabeto en español

A, a	E, e	I, I	(Ll, ll)	O, o	S, s	W, w
B, b	F, f	J, j	M, m	P, p	T, t	X, x
C, c	G, g	K, k	N, n	Q, q	U, u	Y, y
(Ch, ch)	H, h	L, l	(Ñ, ñ)	R, r	V, v	Z, z
D, d						

¡A DIVERTIRSE!

Nombre ______________________________

Busca las palabras

Read the words on the list and try to find them in the box. The words are either down or across. When you find a word, circle it and then make a check by the word in the list. One has been done for you.

bolígrafo	regla	lápiz	bandera
cuaderno	✓ papel	papelera	mapa
libro	reloj	globo	pared

C	L	S	T	A	V	L	Á	P	I	Z	R
O	P	A	P	E	L	E	R	A	H	X	E
L	G	O	A	S	M	R	T	P	B	J	L
L	L	E	V	C	U	A	D	E	R	N	O
Y	O	P	A	S	H	E	C	L	E	O	J
U	B	Y	V	W	Y	B	D	S	G	G	H
B	O	L	Í	G	R	A	F	O	L	L	K
N	R	I	N	F	D	N	I	M	A	Z	Q
T	S	B	G	W	Y	D	Z	Q	R	K	L
S	E	R	P	A	R	E	D	E	R	L	O
U	I	O	K	Q	A	R	I	F	Z	X	I
Z	O	I	M	A	P	A	K	W	Q	C	U

¿Cómo se dice?

Nombre ______________________

Textbook pages 48–52

A. Rita drew a picture for her math class, but now she needs to count how many geometric shapes she drew to make Maqui, the robot. Answer the questions.

1. ¿Cuántos cuadrados hay? Hay nueve cuadrados.
2. ¿Cuántos círculos hay? Hay veintiocho círculos.
3. ¿Cuántos rectángulos hay? Hay tres rectángulos.
4. ¿Cuántos triángulos hay? Hay dieciséis triángulos.

¿Cómo se dice?

Nombre ____________________

Textbook pages 53–56

A. You have entered a contest. If you unscramble the letters and write all the words correctly, you win. Start now!

M  El flamenco es **rosado**. odsaro

1.  El ratón es **gris**. isgr

2.  El canario es **amarillo**. riamallo

3.  El oso es **negro**. ogner

4.  El loro es **verde**. devre

Extension: After students have completed the exercise, have them circle the pictures using the colors in the sentences. You may wish to give extra credit for using the correct color.

¿Cómo se dice?

Nombre ______________________

Textbook pages 57–60

A. Pepito is showing you his coloring book. What can you say about the picture? Color in the picture, then answer the questions.

Answers will vary. Some possible responses are given here.

M ¿Cómo es Antonio?

Antonio es grande.

1. ¿De qué color es el tigre?

   Answers will vary.

2. ¿De qué color es Pepe?

   Answers will vary.

3. ¿Qué animal es Raúl?

   Raúl es un perro.

4. ¿Qué animal es el maestro?

   El maestro es un flamenco.

5. ¿De qué color es Marcos?

   Answers will vary.

6. ¿Cómo es Raúl?

   Raúl es largo.

7. ¿Cómo es Pepe?

   Pepe es pequeño.

8. ¿Cómo es el señor Flamenco?

   El señor Flamenco es grande.

After students have completed Unidad 2, you may wish to use this exercise for informal assessment or as a paired activity for students to ask and answer one another's questions.

¿Cómo se dice?

Nombre ______________________

Textbook pages 61–64

A. Juanito has written some sentences about his classroom, but he isn't sure about how to write the descriptive words. Help him out. Use the descriptive word in parentheses to complete the sentence. Be sure to write the appropriate form of the word!

M Las reglas son **largas**. (largo)

1. El escritorio es pequeño. (pequeño)
2. La puerta es blanca. (blanco)
3. Los bolígrafos son negros. (negro)
4. Las sillas son azules. (azul)
5. La ventana es grande. (grande)
6. Los pizarrones son verdes. (verde)
7. Las cestas son amarillas. (amarillo)
8. Los cuadernos son anaranjados. (anaranjado)

¡Piénsalo!

Circle the word in each row that does not belong.

1. perro	tigre	oso	pez	(azul)
2. (loro)	amarillo	rojo	gris	rosado
3. triángulo	cuadrado	(pequeño)	rectángulo	círculo
4. largo	corto	grande	(ratón)	pequeño

Nombre ______________________

◐ **B. There are colors all around you. How many can you name? Complete the sentence by writing the color or colors of the classroom object.**

M El lápiz es **negro y amarillo**.

1. El pizarrón es Answers will vary.
2. Los pupitres son Answers will vary.
3. El cuaderno es Answers will vary.
4. La tiza es Answers will vary.

● **C. You're on your own! Make up your own sentences about items in your classroom. You may use colors or other words to describe them.**

1. Answers will vary. Have volunteers read their sentences to the class.
2. ______________________
3. ______________________
4. ______________________
5. ______________________

Extension: After students have completed Exercises B and C, have them exchange pages with a partner and ask each other questions about what they wrote.

¿Cómo se dice?

Nombre ______________________

Textbook pages 65–69

A. **While you were helping señor Millones clean the attic, you found some treasures. What is in the attic? After looking at each picture, complete the sentence by writing *un, unos, una,* or *unas* in the blank.**

M  Hay **una** bandera.

1.  Hay **un** oso.

2.  Hay **unos** ratones.

3.  Hay **unas** computadoras.

4.  Hay **unos** globos.

5. 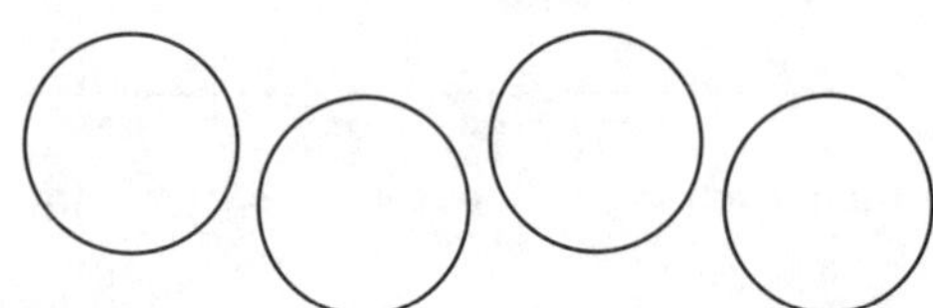 Hay **unos** círculos.

6.  Hay **una** papelera.

Nombre ______________________________

B. These two classrooms are different. Look at A and the sentences below. Color the picture as indicated. Then look at B, color it as you like, and write sentences to describe it.

A

M Hay una ventana grande.

1. Hay un loro verde y azul.
2. Hay unos ratones pequeños.
3. Hay unas computadoras blancas.
4. Hay un círculo negro.
5. Hay una mariposa negra y azul.
6. Hay un globo grande y unas reglas cortas.

B

M **Hay unas ventanas grandes.**

1. Hay unos loros (colors will vary).
2. Hay un ratón pequeño.
3. Hay una computadora (color will vary).
4. Hay unos círculos negros.

Nombre ______________________

C. The animals from señora Luna's science class have escaped. Where are they now? For each picture, write a question and an answer. (Note: *P* means *Pregunta* or "Question" and *R* means *Respuesta* or "Answer.")

M 

P: **¿Qué hay en el pupitre?**

R: **Hay unos loros en el pupitre.**

1. 

P: ¿Qué hay en la computadora?

R: Hay un ratón en la computadora.

2. 

P: ¿Qué hay en la papelera?

R: Hay unos perros en la papelera.

3. 

P: ¿Qué hay en la puerta?

R: Hay unas mariposas en la puerta.

4. 

P: ¿Qué hay en el globo?

R: Hay un conejo en el globo.

¡A leer!

Nombre ________________________

Read Sandra's paragraph and list your answers on the chart.

Mi animal favorito

Me llamo Sandra. ¿Cuál es mi animal favorito? Mi animal favorito es el conejo. Los conejos son pequeños y tienen las orejas largas. Hay conejos blancos, negros y marrones. Hay conejos de dos colores. En el salón de clase hay dos conejos. Están en una mesa. ¡Los conejos tienen cuatro conejitos! Los conejitos son conejos muy pequeños. Son crías.

Nota: **Crías** means "animals' young."

¿Cómo son los conejos?	Colores de los conejos

Dibuja los conejos y conejitos en la mesa del salón de clase.

Nombre ______________________

CONEXIÓN CON EL ARTE

Color each of these circles with a primary color and see what colors appear where the circles overlap. Write the name of each color in Spanish on the lines. What color do you see in the center?

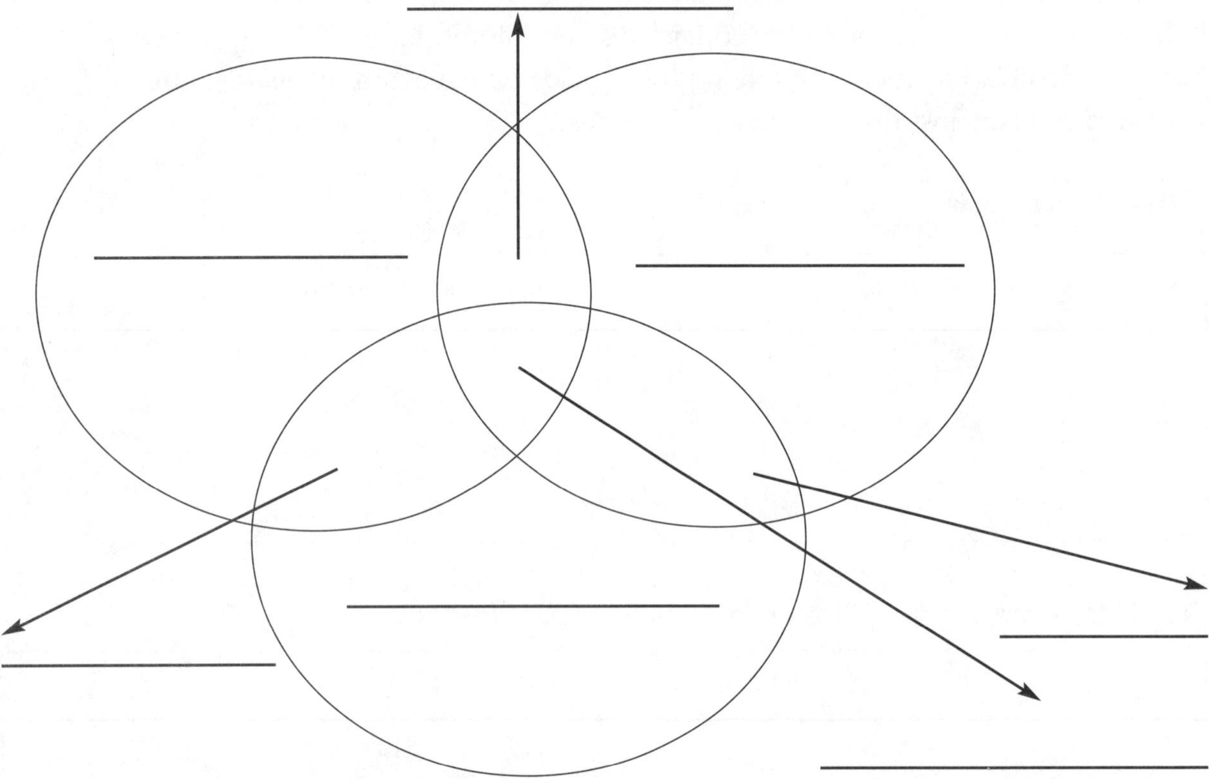

Answers will vary according to what colors students use for each circle. Circles should be red, yellow and blue. Overlapping areas will be green, orange, and purple. The center will be dark brown/black.

Look at the circles you colored and fill in the blanks with the missing colors:

rojo + amarillo = anaranjado

amarillo + azul = verde

azul + rojo = morado

rojo + amarillo + azul = negro *or* marrón

Nombre ______________________________

Once you know the alphabet in Spanish, you know how to put words in alphabetical order. And once you know alphabetical order, you will know how to look up words in a dictionary or glossary.

Let's practice. Each list of words is all mixed up. Next to the list, write the words in alphabetical order. (You do not need to know the meaning of a word to put it in order.) The first list has been started for you. (Remember that *ch* and *ll* are letters of the Spanish alphabet but are not used for alphabetizing.)

All the words in this activity may be found in the Spanish-English Word List in the ¡Hola! textbook.

El orden alfabético: a, b, c, d, e, f, g, h, i, j, k, l, m, n, ñ, o, p, q, r, s, t, u, v, w, x, y, z

1. silla	**alumno**	**3.** día	día
libro	libro	mañana	luego
alumno	llueve	luego	mañana
llueve	silla	noche	noche
2. computadora	computadora	**4.** verde	¿qué?
pizarrón	corto	roja	reloj
escritorio	escritorio	reloj	roja
corto	pizarrón	¿qué?	verde

Extension: Advanced students may make up their own mixed up lists and then exchange them with others to practice writing words in alphabetical order.

Nombre ______________________________

Busca las palabras secretas

In each box there is one word that does not belong. Find the word and circle it. Then write the words in the blanks below to make a sentence.

1.

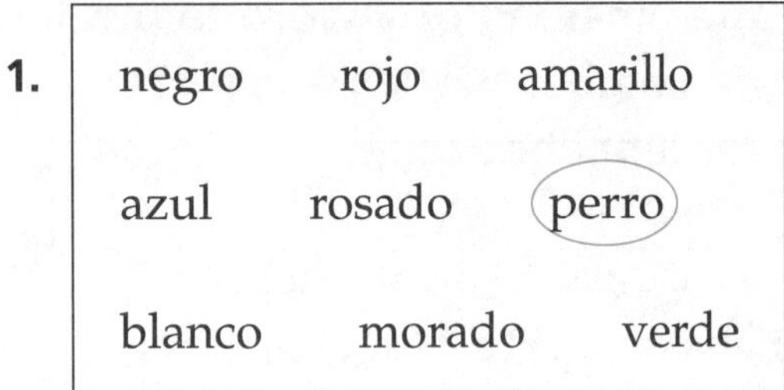

2.

loro canario tigre
ratón pez oso
gris mariposa pájaro

El ___perro___ es ___gris___.

Now draw a picture to illustrate the secret animal.

Students should draw a gray dog.

¿Cómo se dice?

Nombre ____________________

Textbook pages 74–78

A. Look at this calendar and answer the questions.

lunes	martes	miércoles	jueves	viernes	sábado	domingo
		1	2	3	4	5
6	7	8	9	10	11	12
13	14	15	16	17	18	19
20	21	22	23	24	25	26
27	28	29	30	31		

M ¿Qué día es el dos? **Es jueves.**

1. ¿Qué día es el primero? Es miércoles.
2. ¿Qué día es el siete? Es martes.
3. ¿Qué día es el diez? Es viernes.
4. ¿Qué día es el veintiséis? Es domingo.
5. ¿Qué día es el treinta? Es jueves.

Extension: Students may do Exercise A as a paired activity, with one student giving the date and the other responding with the day of the week.

B. Here are all the days of the week. Divide them into two groups: *días de la semana* and *fines de semana.* Underline *días de la semana* in green, and *fines de semana* in blue.

lunes sábado viernes jueves martes miércoles domingo

¿Cómo se dice?

Nombre ______________________

Textbook pages 79–83

A. Your friend always has his head in the clouds, and doesn't know what day he's living in. Look at the calendar in Exercise A and answer his questions about whether dates are *esta semana* or *la próxima semana.* Pretend that today is the 15th.

M ¿Cuándo es el día dieciséis? **esta semana**

1. ¿Cuando es el día veintiuno? la próxima semana
2. ¿Cuando es el día diecisiete? esta semana
3. ¿Cuando es el día veinticuatro? la próxima semana
4. ¿Cuando es el día diecinueve? esta semana
5. ¿Cuando es el día veintiséis? la próxima semana

Help students observe that **la próxima semana** begins on **lunes,** instead of **domingo.**

¡Piénsalo!

What day comes before each of these days?

1. lunes domingo
2. sábado viernes
3. jueves miércoles
4. domingo sábado

Nombre ________________

B. Señorita Durango is from Argentina. She is very interested in the activities of students in North America. How do you answer her questions? Write an answer that is true for you.

M ¿Adónde vas los lunes?

Voy a la escuela los lunes.

1. ¿Cuándo vas a la escuela?

   Answers will vary. Accept reasonable responses.

2. ¿Adónde vas los fines de semana?

   ____

3. ¿Cuándo vas a la casa de un amigo o de una amiga?

   ____

4. ¿Vas a la tienda los sábados?

   ____

5. ¿Adónde vas la próxima semana?

   ____

6. ¿Vas al parque los miércoles?

   ____

Nombre ____________________

C. Miguel has given you a copy of his schedule for this week. What questions can you ask him about his activities? Read Miguel's calendar. Write six questions you could ask him: three questions with *¿Adónde vas?* and three questions with *¿Cuándo vas?* Look at the questions in Exercise A if you need help.

El calendario de Miguel

lunes	martes	miércoles	jueves	viernes	sábado	domingo
la escuela y la clase de piano	la escuela	¡No hay clases! el cine: <<Los flamencos de Miami>>	la escuela y la clase de piano	la escuela y la casa de Inés	la casa de Paco y el parque	la casa y el cine: <<El tigre grande>>

1. Questions will vary. Ask volunteers to read their questions aloud.

2. ____________________

3. ____________________

4. ____________________

5. ____________________

6. ____________________

Extension: Students may work in pairs to ask and answer each other's questions about Miguel's activities.

¿Cómo se dice?

Nombre ______________________

Textbook pages 84–87

A. Poor Lupita has a cold and can't hear well. Show her what each person is saying by completing the sentence that goes with the picture. Use *a la* or *al*.

M 

Voy ___a la___ escuela.

1. 

¿Vas ___al___ parque?

2. 

¿Vas ___al___ cine?

3. 

Voy ___a la___ casa.

4. 

Voy ___a la___ tienda.

¿Cómo se dice?

Nombre ______________________

Textbook pages 88–91

A. You are trying to plan your activities for the week. How do your friends answer your questions? Write *voy, vas,* or *va* in the blank to complete the answer.

M ¿Va Jaime a la escuela hoy?

Sí, Jaime ___va___ a la escuela.

1. ¿Vas a la escuela el martes?

   Sí, ___voy___ a la escuela.

2. ¿Va Isabel al cine esta semana?

   No, no ___va___ al cine.

3. ¿Voy a la escuela el domingo?

   No, no ___vas___ a la escuela.

4. ¿Va Luis al salón de clase?

   Sí, ___va___ al salón de clase.

5. ¿Vas a la escuela el sábado?

   No, no ___voy___ a la escuela.

B. Where are your classmates going? Choose a question to ask three classmates, and then ask them the question. Write a sentence about each person's answer.

Preguntas

1. ¿Vas al cine esta semana?
2. ¿Vas a la clase hoy?
3. ¿Vas a la tienda el fin de semana?

M Tú: ¿Vas al cine esta semana?

José: No, no voy al cine esta semana.

José no va al cine esta semana.

Answers will vary. You may wish to model the activity with a volunteer before assigning the exercise.

1. ______________________________

2. ______________________________

3. ______________________________

¡A leer!

Nombre ______________________

Read the paragraph about calendars and do the activities below.

¿Qué es el calendario?

El calendario es una lista de los días del año, con meses y semanas. En el calendario ves qué día es ayer, hoy, mañana o el primero de junio del año 2010. ¡Están los días del pasado, del presente y del futuro!

Usa el calendario para planear el futuro: adónde vas la próxima semana, cuándo vas al cine o cuándo vas de vacaciones a la playa. . . El reloj también mide el tiempo (en horas, minutos y segundos).

> Nota:
> **El pasado** means "the past."
> **Ves** means "you see."
> **Mide el tiempo** means "measures time."

Circle verdadero (true) or falso (false).

1. El calendario es una lista de relojes. verdadero (falso)
2. Los días del año están *(are)* en el calendario. (verdadero) falso
3. La próxima semana es el futuro. (verdadero) falso
4. El calendario no mide el tiempo. verdadero (falso)

Join the two terms that go together.

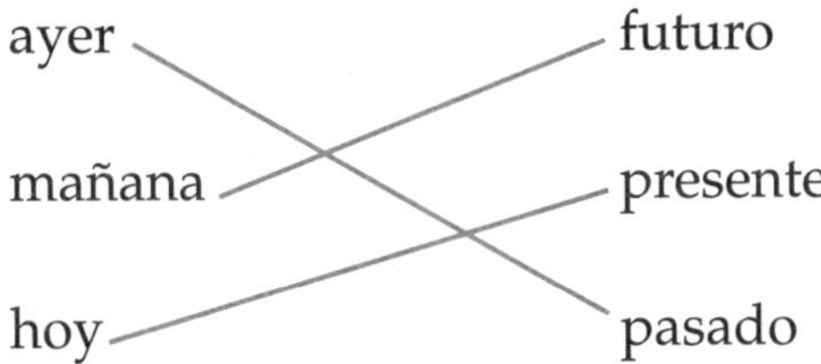

Nombre ______________________

CONEXIÓN CON LOS ESTUDIOS SOCIALES

Make your own calendar for this month. Use the blank calendar below. Write the days on the top row, and the numbers in the blanks. Then, color the days according to these instructions.

verde = los fines de semana
azul = los días de clase

rojo = hoy
morado = mañana

Include any holidays or special events in your calendar, such as Halloween, Thanksgiving, or a school Talent Show.

Write each holiday and the date below:

Maite's Birthday	martes 31
______________________	______________________
______________________	______________________
______________________	______________________
______________________	______________________

¡APRENDE MÁS!

Nombre ______________________

Using the glossary or word list in a textbook is like using a dictionary. It has information to help you find the meaning of a word.

gracias thank you, thanks (B)
grande big, large (2)
la **gripe** flu (7)
Tengo la gripe. I have the flu. (7)
gris gray (2)
guapo, guapa good-looking (10)
gustar to like (5)
Le gusta el verano. He/She likes summer. (5)
Me gusta la primavera. I like spring. (5)
¿Qué te gusta hacer? What do you like to do? (6)
¿Te gusta pintar? Do you like to paint? (5)

hay *(inf.: **haber**)* there is, there are (1)
¿Cuántos . . . hay? How many . . . are there? (1)
¿Qué hay . . . ? What is there . . . ?
la **hermana** sister (10)
la **hermanastra** stepsister (10)
el **hermanastro** stepbrother (10)
el **hermano** brother (10)
los **hermanos** brothers, brothers and sisters (10)
la **hija** daughter (10)

Find the following information in your textbook's Spanish-English Word List.

1. What is the first word on page 258 that means "a place to sit"? el pupitre
2. On page 254, what does the abbreviation (m.) mean after the word **el?** masculine
3. What animal's name is on page 259? el tigre
4. What day of the week is on page 250? el domingo
5. How many days of the week can you find on page 256? two
6. What words on page 253 are places? la casa, el cine, la clase, el salón de clase
7. Read page 255, then write down the unit in which the word **el hijo** is taught. Unidad 10
8. What is the last expression on page 255 that describes the weather?

   Hace viento.

Nombre ______________________

Un juego de los días

Write the missing days of the week in the squares. One day is already written for you. Use the letters as clues to fill in the other days.

DOMINGO
JUEVES
VIERNES
MIÉRCOLES
MARTES
LUNES
SÁBADO

¿Adónde va el maestro?

First fill in the missing letter of each word. Then, complete the sentence by writing the word that is formed by the letters in the boxes.

El maestro va a la ______casa______.

Nombre ______________________

A. **Some objects in the classroom are out of place. Where do they go? Draw a line from each classroom object on the left to the picture of where it belongs. Then write the name of the picture in the blank. One has been done for you.**

M una hoja de papel — **el cuaderno**

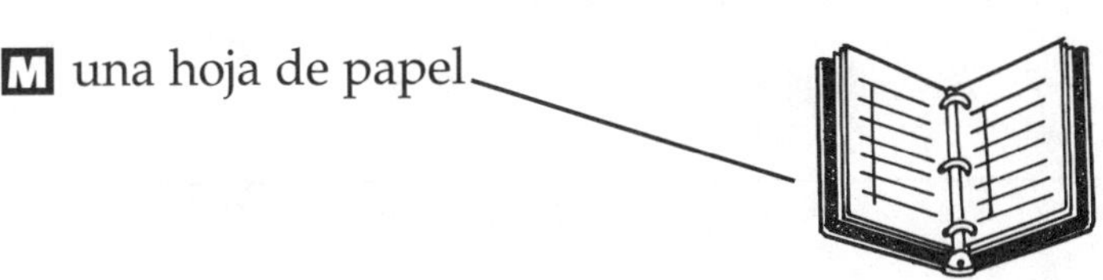

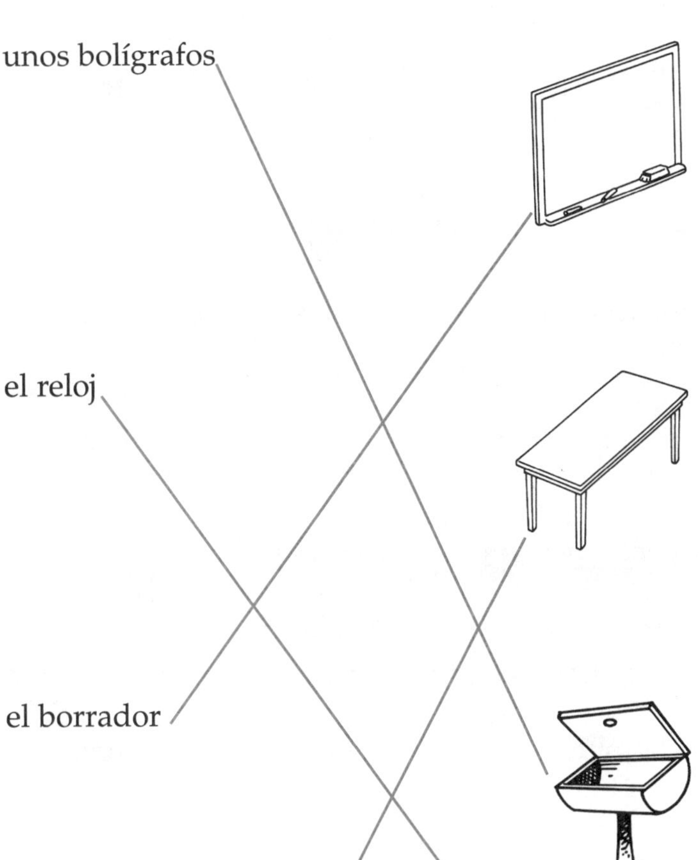

unos bolígrafos — el pizarrón

el reloj — la mesa

el borrador — el pupitre

una computadora — la pared

Nombre ______________________

B. How many are there? Read the sentence and the question. Then write the answer.

M Hay diez mesas largas y tres mesas cortas. ¿Cuántas mesas hay?

Hay trece mesas.

1. Hay dos canarios y veinte loros. ¿Cuántos pájaros hay?

   Hay veintidós pájaros.

2. Hay cinco cuadrados blancos, cinco cuadrados azules y cinco cuadrados verdes. ¿Cuántos cuadrados hay?

   Hay quince cuadrados.

3. Hay una pared blanca, una pared amarilla y dos paredes rosadas. ¿Cuántas paredes hay?

   Hay cuatro paredes.

4. Hay diez gatos, siete perros y once peces. ¿Cuántos animales hay?

   Hay veintiocho animales.

5. Hay diez hombres grandes y cuatro hombres pequeños. ¿Cuántos hombres hay?

   Hay catorce hombres.

6. Hay once maestros y quince maestras. ¿Cuántos maestros hay?

   Hay veintiséis maestros.

Point out to students that the word **maestros** can refer to a group of male and female teachers.

Nombre ______________________

C. Help Consuelo decorate the bulletin board! Find the picture that matches each sentence. Write the letter of the picture on the line beside the sentence. The first one has been done for you. (Look carefully! There are more pictures than there are sentences.)

M Hay un calendario en la pared. ___i___

1. El niño va al cine. ___c___
2. La alumna va a la escuela. ___e___
3. Hay dos ratones en el pupitre. ___l___
4. Hay una mariposa en la ventana. ___h___
5. Hay una computadora en el pupitre. ___b___

a. 

b. 

c. 

d. 

e. 

f. 

g. 

h. 

i. 

j. 

k. 

l. 

Extension: Have students write the sentences for the pictures that weren't matched to a sentence.

Nombre ______________________

D. Imagine that you are listening to one side of a telephone conversation. You can hear the answers but not the questions. Choose a question that goes with each answer and write it on the line. There are more questions than answers, so choose carefully!

¿Cuándo vas al parque?
¿Cuál es tu animal favorito?
¿Cómo estás?
¿De qué color es tu perro?
¿Cómo es la escuela?
¿Cuál es tu número de teléfono?
¿Qué día es hoy?
✓ ¿Cómo te llamas?
¿Adónde vas el viernes?
¿Cuándo vas a la escuela?
¿De qué color es el gato?
¿Cuál es tu día favorito?

M P: **¿Cómo te llamas?**

R: Me llamo Patricio.

1. P: ¿Cómo estás?

R: Bien, gracias.

2. P: ¿Qué día es hoy?

R: Hoy es sábado.

3. P: ¿Cuándo vas al parque?

R: Voy al parque el domingo.

4. P: ¿Cuándo vas a la escuela?

R: Voy a la escuela el lunes.

5. P: ¿Cómo es la escuela?

R: La escuela es grande.

Nombre ______________________

6. P: ¿Cuál es tu animal favorito?

R: Mi animal favorito es el gato.

7. P: ¿De qué color es el gato?

R: El gato es gris, blanco y marrón.

8. P: ¿Cuál es tu número de teléfono?

R: Mi número de teléfono es el tres, veinte, quince, cero, uno.

¡Piénsalo!

Answers may vary. Sample responses are given below.

1. Name three classroom objects you can hold in your hand.

un lápiz — una hoja de papel — la tiza

2. Write a number from 1 to 4 next to each animal. Rank the animals from the smallest (1) to the largest (4).

3 conejo — 1 mariposa — 4 tigre — 2 pez

3. Write the names of five animals that can fly.

el flamenco — la mariposa

el canario — el loro

el pájaro

4. Write an addition problem whose answer is your age.

_____ + _____ = _____

Nombre ______________________

E. The local movie theater is taking a survey to find out about people who go to the movies. How do you answer the questions? Write answers that are true for you. Try to write complete sentences.

Answers will vary. Encourage volunteers to read their responses to the class. You may need to help students with vocabulary in questions 8 through 10.

Cine Popular

1. ¿Cómo te llamas? ______________________
2. ¿Cuál es tu número de teléfono? ______________________
3. ¿Qué día es hoy? ______________________
4. ¿Vas al cine hoy? ______________________
5. ¿Vas al cine esta semana? ______________________
6. ¿Vas al cine la próxima semana? ______________________
7. ¿Vas al cine los fines de semana? ______________________
8. Generalmente, ¿qué día de la semana vas al cine? ______________________
9. ¿Vas al cine con un amigo o con una amiga? ______________________
10. ¿Cómo se llama tu amigo o tu amiga? ______________________

¿Cómo se dice?

Nombre ____________________

Textbook pages 96–99

A. Where is Amalia going today? Find the name of the class or place and write it on the lines beside the picture. (Be alert! There are more places than pictures.)

la clase de música
la clase de computadoras
la biblioteca
el gimnasio
el cine
la clase de arte
✓ la escuela
la casa

M 

la escuela

3. 

la biblioteca

1. 

la clase de música

4. 

la clase de arte

2. 

el gimnasio

5. 

la clase de computadoras

¿Cómo se dice?

Nombre ______________________

Textbook pages 100–104

A. **Your computer has a mysterious virus which doesn't let you see vowels! Fill in the missing letters on the labels beside each picture. One word has been done for you.**

1.  _u_s_a_r l_a_ c_o_mp_u_t_a_d_o_r_a_

2.  tr_a_b_a_j_a_r

3.  _e_st_u_d_i_ _a_r

4.  h_a_bl_a_r

5.  pr_a_ct_i_c_a_r d_e_p_o_rt_e_s

6.  p_i_nt_a_r

7.  p_a_rt_i_c_i_p_a_r

8.  _e_sc_u_ch_a_r

Nombre ______________________

◐ **B. Gregorio has written a paragraph about school. When he didn't know a word, he drew a picture. Help him write the words on the lines below. The first one has been done for you.**

Los lunes, los miércoles y los viernes voy a (**M**) 

Voy a **(1)**  . No voy a **(2)**  . El martes voy al gimnasio

para **(3)**  . El jueves voy a **(4)**  en **(5)**  .

También voy a cantar en **(6)**  . Voy a **(7)**  música también.

M **la biblioteca**

1. estudiar
2. hablar
3. practicar deportes
4. pintar
5. la clase de arte
6. la clase de música
7. escuchar

After students have completed the exercise, ask volunteers to read the paragraph aloud. Advanced students may make up their own rebus paragraphs, based on the one in this exercise.

¿Cómo se dice?

Nombre ____________________

Textbook pages 105–108

A. You and your friend are playing a guessing game! Read the questions and answer based on the pictures.

M 

¿Qué voy a hacer?

Vas a pintar.

1. 

¿Qué va a hacer Marina?

Va a usar la computadora.

2. 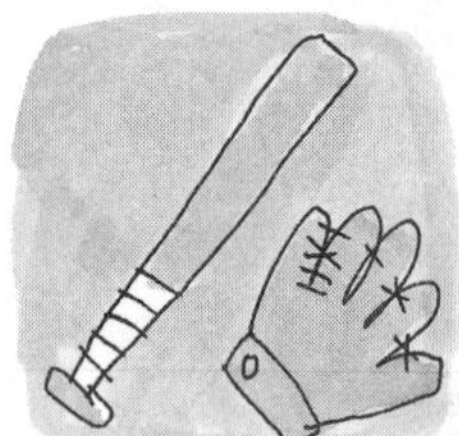

¿Qué voy a hacer?

Vas a practicar deportes.

3. 

¿Qué vas a hacer?

Voy a hablar.

4. 

¿Qué voy a hacer?

Vas a estudiar.

5. 

¿Qué va a hacer Sara?

Va a escuchar.

Nombre ______________________

B. **Hortensia has written you a note about what she and her friend are going to do on Saturday. She wrote it so quickly that she forgot some words! To complete the note, write the appropriate form of *ir a.***

¡Hola! ¿Cómo estás?

El sábado M ___voy a___ ir al cine. Mi amiga Olga (1) ___va a___ ir al cine también.

Olga (2) ___va a___ estudiar el sábado. El sábado yo no (3) ___voy a___ estudiar. No (4) ___voy a___ ir a la biblioteca.

¿Qué (5) ___vas a___ hacer tú el sábado?
(6) ¿___Vas a___ ir al cine con unos amigos?

¡Hasta luego!

Hortensia

Have students read the letter aloud. Advanced students may wish to try writing notes similar to Hortensia's.

¿Cómo se dice?

Nombre ______________________

Textbook pages 109–113

A. You took a picture of señora Jimenez's study group. Now you have to write captions for the picture. Answer the questions below.

M ¿Qué hace Óscar? **Óscar canta.**

1. ¿Qué hace Julio? **Julio usa la computadora.**
2. ¿Qué hace Elena? **Elena estudia.**
3. ¿Qué hace Lidia? **Lidia escucha.**
4. ¿Qué hace Rosita? **Rosita pinta.**
5. ¿Qué hace Tomás? **Tomás habla.**
6. ¿Qué hace Carlos? **Carlos canta.**

You may wish to have students work in pairs to ask and answer the questions.

Nombre ______________________

B. You want to be a reporter someday. You need to practice asking questions. First, read the words to form the question. Then read the answer.

You may wish to write a few more examples on the chalkboard before assigning this exercise. Help students observe that in the Modelo question, the verb comes before the subject.

M P: Eduardo / estudiar / dónde

¿Dónde estudia Eduardo?

R: Eduardo estudia en el salón de clase.

1. P: Nélida / cantar / cuándo

¿Cuándo canta Nélida?

R: Nélida canta los domingos.

2. P: el señor López / pintar / dónde

¿Dónde pinta el señor López?

R: El señor López pinta en la casa.

3. P: Minerva / participa / dónde

¿Dónde participa Minerva?

R: Minerva participa en la clase de música.

4. P: la señora Ruiz / deportes / practicar / dónde

¿Dónde practica deportes la señora Ruiz?

R: La señora Ruiz practica deportes en el gimnasio.

After students have completed the exercise, have them work in pairs to read aloud the questions and answers.

Nombre ______________________

C. Señor Rodríguez thinks that everyone has a special talent. How will you fill out his questionnaire? Write an answer that is true for you.

M ¿Practicas deportes en la escuela?

Sí, practico deportes en la escuela.

1. ¿Estudias con un amigo o una amiga?

   Answers will vary. Encourage students to write complete sentences.

2. ¿Escuchas música en la casa?

   ____

3. ¿Pintas en la escuela? ¿Dónde?

   ____

4. ¿Cantas muy bien?

   ____

5. ¿Hablas por teléfono con un amigo o una amiga?

   ____

6. ¿Trabajas en la escuela?

   ____

7. ¿Usas una computadora? ¿Dónde?

   ____

8. ¿Participas mucho en clase?

   ____

¡A leer!

Nombre ______________________

Read the paragraph about music and choose the best answer.

La música

Las personas cantan, bailan e inventan melodías y canciones. Por eso, hay muchos músicos. Los músicos son personas que tocan música con instrumentos musicales.

Las cosas que se usan para hacer música se llaman instrumentos musicales, como los pianos, los violines, las trompetas, las guitarras y las flautas.

Los músicos van a bailes, fiestas y aniversarios. Escuchas música en el parque, en el cine, en la radio, en la televisión y en las tiendas.

1. ¿Qué hace un músico? __a__
  a. toca música
  b. va a clase de música
  c. practica deportes

2. ¿Qué usan los músicos para tocar? __c__
  a. las clases
  b. el pizarrón
  c. los instrumentos

3. ¿Adónde van los músicos? __b__
  a. a las bibliotecas, las clases y los gimnasios
  b. a los bailes, las fiestas y los aniversarios
  c. a los cines, la televisión y las tiendas

Escribe cinco instrumentos musicales.

Possible answers: el piano

los violines

las trompetas

las guitarras

las flautas

Nombre ____________________

CONEXIÓN CON LAS MATEMÁTICAS

Look at the picture. Match each activity with the fraction of students who are doing it. (Be alert! One fraction may match more than one activity.)

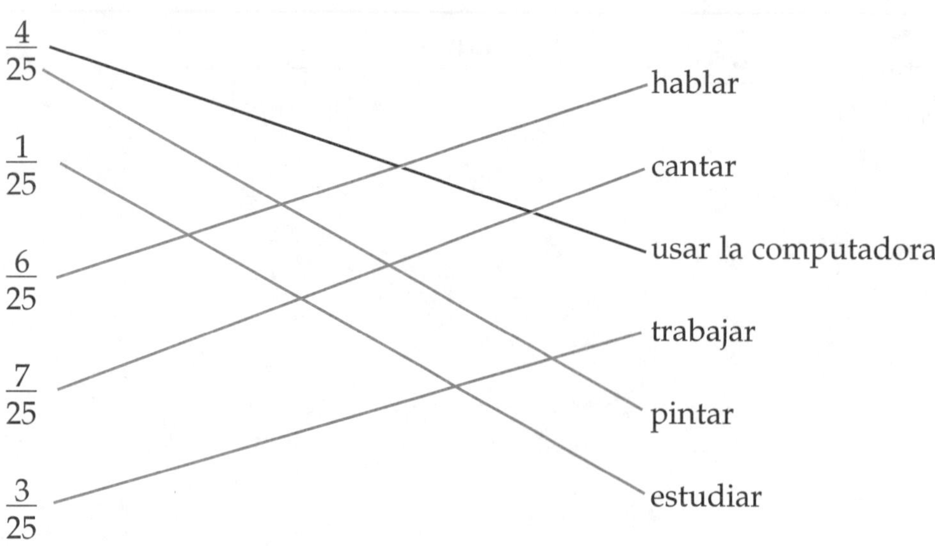

Nombre ______________________

Using a dictionary or glossary is helpful when you can't figure out the meaning of a word. However, many times you can guess the meaning.

Some words in Spanish are similar to words in English. These words are called cognates. Usually, cognates are words that come from the same language. For example, many words in Spanish and English come from Latin, which was spoken by the ancient Romans. Look at the examples below.

Latin	English	Spanish
musica	music	música
studere	study	estudiar

You can often guess the meanings of cognates from the way they are spelled or the way they sound. Read the sentences below and circle the words that are cognates of words in English. Then write the English words on the blanks.

1. El oso polar es blanco y grande.

   polar (You may wish to accept grande/grand as a cognate.)

2. La violeta es una flor morada.

   violet, flower

3. La computadora pequeña es moderna.

   computer, modern

4. La clase de historia es interesante.

   class, history, interesting

¡A DIVERTIRSE!

Nombre ______________________

Un crucigrama

First, read the sentences and fill in the missing words. Then, write the words in the crossword puzzle.

1. Uso ___dos___ computadoras.

2. Voy a pintar ___cinco___ mariposas.

3. Hay ___tres___ gatos en la ventana.

4. Uso ___nueve___ lápices cuando estudio.

5. Canto el lunes, el martes, el jueves y el sábado. Canto ___cuatro___ días.

6. Dieciséis más ___seis___ es veintidós.

7. Hay dos tigres en mi casa. Hay uno en la ventana y hay ___uno___ en el escritorio.

8. Voy a estudiar ___diez___ libros.

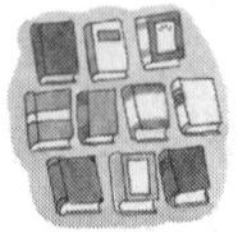

9. Hay ___siete___ banderas.

10. Hay ___ocho___ peces.

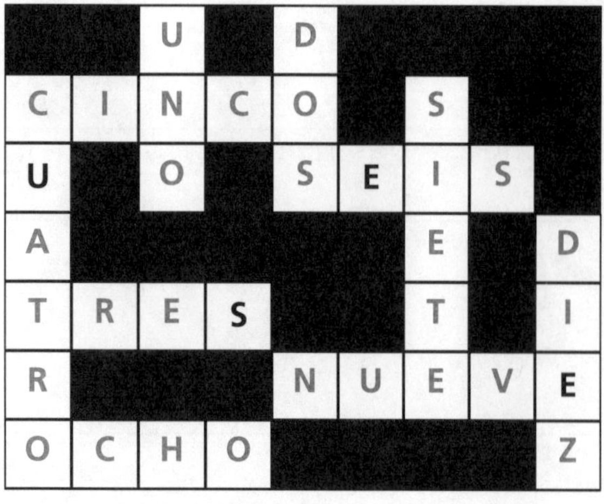

		U		D				
C	I	N	C	O		S		
U		O		S	E	I	S	
A						E		D
T	R	E	S			T		I
R				N	U	E	V	E
O	C	H	O					Z

¿Cómo se dice?

Nombre ____________________

Textbook pages 118–122

○ **A. What kinds of weather occur in each season? Using colored pencils or crayons, draw a line from the season to the weather that happens in that season. You may draw more than one line from a season to its weather. Look at the list and use the right color for each season.**

la primavera = verde | el verano = anaranjado
el invierno = negro | el otoño = rojo

Answers will vary. Accept responses that are appropriate for your region.

la primavera

el invierno

el verano

el otoño

Extension: Have students exchange pages and compare their answers.

◐ **B. Now answer each question below by naming the kinds of weather you connected to each season.**

Answers will vary. Be sure students' written responses correspond to their answers for Exercise A.

M ¿Qué tiempo hace en el verano? **En el verano hace sol y hace calor.**

1. ¿Qué tiempo hace en el otoño? ____________________

2. ¿Qué tiempo hace en el invierno? ____________________

3. ¿Qué tiempo hace en la primavera? ____________________

¿Cómo se dice?

Nombre ____________________

Textbook pages 123–126

A. When the seasons change, the weather can be different each day of the week! Fill in the calendar with the right type of weather, and then use the calendar to answer the questions.

Nieva. Está nublado. Hace sol. Hace frío.
Llueve. Hace calor. Hace viento.

lunes	martes	miércoles	jueves	viernes	sábado	domingo
______	______	______	______	______	______	**Hace**
______	______	______	______	______	______	**frío.**

M ¿Qué tiempo hace el domingo?

Hace frío.

1. ¿Qué tiempo hace el miércoles?

   Llueve. ***or*** **Está lloviendo.**

2. ¿Qué tiempo hace el sábado?

   Hace calor.

3. ¿Qué tiempo hace el lunes?

   Está nublado.

4. ¿Qué tiempo hace el viernes?

   Nieva. ***or*** **Está nevando.**

5. ¿Qué tiempo hace el martes?

   Hace sol.

6. ¿Qué tiempo hace el jueves?

   Hace viento.

Extension: Ask students to say whether the weather is good **(Hace buen tiempo.)** or bad **(Hace mal tiempo.)** on each day.

¿Cómo se dice?

Nombre ______________________________

Textbook pages 127–130

A. The class newspaper must be ready by tomorrow, but you haven't interviewed Alberto Suárez, the student of the week! Complete the questions you ask. Then complete Alberto's answer.

El alumno de la semana: Alberto Suarez.

M P: ¿ **Te gusta** el verano?

R: Sí, **me gusta** mucho el verano.

1. P: ¿ **Te gusta** la clase de arte?

   R: No pinto bien. No **me gusta** la clase de arte.

2. P: ¿ **Te gusta** el gimnasio?

   R: Es muy grande. Sí, **me gusta** mucho.

3. P: ¿ **Te gusta** ir a la biblioteca?

   R: No estudio mucho. No **me gusta** ir a la biblioteca.

Extension: Ask volunteers to read the interview aloud while classmates practice taking notes. Follow up by asking questions about the likes and dislikes of Alberto Suárez.

Nombre ______________________

B. Now that you've finished your interview with Alberto Suárez, write the story for the newspaper. Go back to the interview if you need to.

El alumno de la semana: Alberto Suárez

El alumno de la semana se llama Alberto Suárez. Es alumno de la escuela Bolívar. La estación favorita de Alberto es el verano. A Alberto **le gusta mucho** el verano.

Alberto no pinta bien. No le gusta la clase de arte.

El gimnasio es muy grande. Alberto practica deportes en el gimnasio. A Alberto

le gusta mucho el gimnasio.

Alberto no estudia mucho. No le gusta ir a la biblioteca.

C. Imagine that you have been chosen student of the week. Luckily, you can write your own story. Write eight sentences. Write four using *me gusta* and four using *no me gusta.*

____

____

____

____

____

____

____

____

¿Cómo se dice?

Nombre ______________________

Textbook pages 131–135

A. **You are in the pet shop picking a new pet for yourself. Nuria, the assistant, wants to know what animals you prefer. Write your answers. Then color the animals in the color you picked.**

M ¿Te gusta el pez rojo o el pez anaranjado?

Me gusta el rojo. *or* Me gusta el anaranjado.

1. ¿Te gusta el conejo negro o el conejo marrón?

Me gusta el negro. *or* Me gusta el marrón.

2. ¿Te gusta el canario amarillo o el canario verde?

Me gusta el amarillo. *or* Me gusta el verde.

3. ¿Te gusta el loro verde o el loro azul?

Me gusta el verde *or* Me gusta el azul.

4. ¿Te gusta el gato negro o el gato gris?

Me gusta el negro. *or* Me gusta el gris.

Nombre ______________________

◐ **B.** **Your partner left his backpack at home! But he doesn't need to worry, because you can lend him what he wants. Unscramble the sentences and write them in the correct order. Then ask your partner the questions and write what he or she answers.**

M ¿gusta, te el bolígrafo o el verde rojo el Cuál?

¿Cuál te gusta, el bolígrafo rojo o el verde?

1. ¿el cuaderno, Cuál o pequeño el gusta te grande?

   ¿Cuál te gusta, el cuaderno grande o el pequeño?

   Me gusta el grande. ***or*** **Me gusta el pequeño.**

2. ¿la Cuál te gusta, larga o la corta regla?

   ¿Cuál te gusta, la regla larga o la corta?

   Me gusta la larga. ***or*** **Me gusta la corta.**

3. ¿te el lápiz Cuál negro el o gusta, blanco?

   ¿Cuál te gusta, el lápiz negro o el blanco?

   Me gusta el negro. ***or*** **Me gusta el blanco.**

4. ¿Cuál gusta, gordo te o el flaco el perro?

   ¿Cuál te gusta, el perro gordo o el flaco?

   Me gusta el gordo. ***or*** **Me gusta el flaco.**

¡A leer!

Nombre ______________________________

Read the letter that Tina wrote to her cousin Sonia.

Los planes de Tina

Querida Sonia:

Esta semana voy a hacer muchas cosas. Los planes dependen del tiempo.

El jueves voy al cine. Pero si hace sol, voy al parque.

El viernes, si hace buen tiempo, voy a practicar deportes. Si hace mal tiempo, voy a estudiar y a usar la computadora.

El sábado, si está lloviendo me quedo en casa. Si no llueve, voy a la casa de una amiga.

El domingo, si hace frío voy a patinar sobre hielo. Si hace sol, voy a pintar en el parque con Raúl.

¿Qué vas a hacer tú?

Tu amiga,
Tina

Nota:
Si (without a written accent) means *if.*
Pero means *but.*
Hielo means *ice.*

This is the weather for the days Tina has plans. Say what Tina will do on each day, according to her letter.

M El jueves hace sol. **Tina va al parque.**

Answers may vary, as students may use different expressions to describe the same type of weather.

1. El viernes hace mal tiempo. Tina va a estudiar y a usar la computadora.

2. El sábado no llueve. Tina va a la casa de una amiga.

3. El domingo hace frio. Tina va a patinar sobre hielo.

Nombre ______________________

CONEXIÓN CON EL ARTE

Seasons and colors can both affect your mood. Seasons can be closely associated with some colors, although this depends on where you live! What colors do you associate with each season? Write them in Spanish.

la primavera: ______________________

el verano: ______________________

el otoño: ______________________

el invierno: ______________________

Answers will vary. You may want to suggest bright flower colors for spring, green for summer, shades of red, yellow, and orange for fall, and cool white and blue shades for winter, depending on where you live.

Now pick your favorite season and draw a postcard to show it. Draw things that remind you of that season. Use the colors you associate with that time of year.

¡APRENDE MÁS!

Nombre ______________________

Word lists and dictionaries give you more information about words than just a definition. Sometimes that information is abbreviated. Look at the following abbreviations in English. (These are the same abbreviations that appear on page 251 of your textbook.)

adj.	adjective
adv.	adverb
com.	command
f.	feminine
inf.	infinitive
m.	masculine
pl.	plural
s.	singular

Use the Spanish–English Word List in your textbook to answer the following questions:

1. Is the word **¡Úsalo!** an adjective, an adverb, or a command? command
2. On what page do you find the entry for **¡Úsalo!**? page 260
3. How many abbreviations follow the word **¡Úsalo!**? two
4. What are the abbreviations after **¡Úsalo!**? com.; inf.
5. In an exercise titled **¡Úsalo!,** what do you do? use something
6. On page 257, find one adverb *(adv.)*. mucho
7. What does the adverb on page 257 mean? a lot
8. What abbreviation follows the word **marrón?** pl.
9. What word do you use to mean many things are **marrón?** marrones

Nombre ______________________________

Busca las palabras

Read each sentence. Look in the puzzle for the word or words in heavy black letters. Each word may appear across or down in the puzzle. When you find the word, circle it. One has been done for you.

1. **Voy** a la escuela en el **otoño.** ✓
2. **Llueve** en la **primavera.**
3. ¿Qué **tiempo** hace en el **invierno?**
4. Hace **viento** y **hace** mucho **frío.**
5. ¿Hace **sol** en el **verano?**
6. ¿Está **nevando hoy?**
7. Hace **calor** en el verano.

O	T	O	Ñ	O	S	H	B	T	P
N	U	V	I	E	N	T	O	O	R
E	R	B	S	C	C	H	I	V	I
V	L	E	F	H	A	C	E	E	M
A	L	S	R	O	L	V	O	R	A
N	U	O	Í	P	O	O	R	A	V
D	E	H	O	Y	R	Y	T	N	E
O	V	Y	T	I	E	M	P	O	R
Ñ	E	C	X	V	S	O	L	Ñ	A
I	N	V	I	E	R	N	O	Y	T

¿Cómo se dice?

Nombre ______________________

Textbook pages 140–143

○ **A. Marcos is proud of himself! He has spelled all the months of the year correctly. Now he wants you to put the months in the correct order. Marcos has already done the first one.**

marzo	agosto	febrero	octubre
noviembre	mayo	julio	abril
✓enero	septiembre	diciembre	junio

1. enero
2. febrero
3. marzo
4. abril
5. mayo
6. junio
7. julio
8. agosto
9. septiembre
10. octubre
11. noviembre
12. diciembre

◐ **B. What months come right before and right after these months? Write them on the lines.**

M	enero	febrero	marzo
1.	abril	mayo	junio
2.	julio	agosto	septiembre
3.	octubre	noviembre	diciembre

Extension: Have students repeat the exercise orally in pairs: one names a month and the other has to name the month before it and the month after it.

¿Cómo se dice?

Nombre ______________________

Textbook pages 144–148

A. Now Marcos wants to write about what he likes and doesn't like to do during the year. He's looking at his pictures from the past year to remember what he usually does and what he enjoys most. Help him complete his report.

In order to help students complete the sentences, have them write the name of the activity under each picture first (**nadar, patinar,** etc.), or have them name them orally.

En el verano me gusta mucho ____**nadar**____. En la primavera me gusta ____**jugar**____ en el parque y en el otoño me gusta ____**dibujar**____ en casa. Pero en el invierno no me gusta ____**patinar**____. Los fines de semana también son muy divertidos. Me gusta ____**limpiar**____ con mi mamá en casa y también ____**caminar**____ con unos amigos. Pero no me gusta ____**comprar**____ en el supermercado. Hay una cosa que no me gusta nada: ____**bailar**____.

Extension: You may want to have students write a similar paragraph about themselves.

¿Cómo se dice?

Nombre ____________________

Textbook pages 149–153

○ **A. What do these children do, and when? Look at the pictures and complete the sentences.**

M Susana **nada el siete de noviembre.**

1. Martín compra el veintitrés de diciembre.

2. Marta patina el veintiuno de septiembre.

3. Eric limpia el primero de enero.

B. Do you do the same things as these children? Say *yo también* or *yo no,* according to what you do.

◐ **M** **Yo también nado el siete de noviembre. (Yo no nado el siete de noviembre.)**

1. Yo también compro el veintitrés de diciembre. *or* Yo no compro el veintitrés de diciembre.

2. Yo también patino el veintiuno de septiembre. *or* Yo no patino el veintiuno de septiembre.

3. Yo también limpio el primero de enero. *or* Yo no limpio el primero de enero.

Nombre ______________________

C. Señor Amable wants to be sure that his park has something for everyone! First, he must find out what people like to do and when they like to do it. How will you fill out his questionnaire? Answer the questions.

Encourage students to answer in complete sentences.

¡Un parque para todos!

M ¿Te gusta practicar deportes?

Sí, me gusta practicar deportes.

M ¿Cuándo practicas deportes?

Practico deportes en julio y agosto.

1. ¿Te gusta patinar?

   Answers will vary.

2. ¿Cuándo patinas?

   ____

3. ¿Te gusta nadar?

   ____

4. ¿Cuándo nadas?

   ____

5. ¿Te gusta caminar?

   ____

6. ¿Cuándo caminas?

   ____

Nombre ________________

○ **D. At the Escuela Buenavista, both students and teachers like to keep busy. Who likes to do each activity? It's hard to tell unless you ask. For each picture, complete the answer by writing *yo, tú, él,* or *ella.***

M 

¿Quién patina? ___Él___ patina.

1. ¿Quién baila? ___Yo___ bailo.

2. 

¿Quién nada? ___Tú___ nadas.

3. ¿Quién camina? ___Ella___ camina.

4. 

¿Quién estudia? ___Él___ estudia.

Nombre ______________________

E. Choose a partner. Then find out what your partner does at home. You must make up your questions in advance. Write your partner's answers.

M **¿Usas la computadora en casa?**

Él o Ella: Sí, yo uso la computadora los fines de semana.

Ella usa la computadora los fines de semana.

Preguntas

You may wish to check students' questions before they work with their partners.

1. Questions and answers will vary.
2. ______________________
3. ______________________
4. ______________________
5. ______________________

Respuestas

1. ______________________
2. ______________________
3. ______________________
4. ______________________
5. ______________________

Extension: Have students present their partners' responses to the class.

Nombre ____________________

F. The Payasos are an unusual pair. Roberto, the brother, is sensible and a little dull. Mariana, the sister, is wild and sometimes a bit silly. You are a reporter who is interviewing the Payasos. Complete each question and record their answers.

Enrichment: Students may work in pairs or small groups to make the interview into a Big Book. Encourage students to think of other unconventional actions (e.g., painting with an eraser, dancing on the chalkboard, walking on a tiger).

M P: Roberto, ¿quién patina en la casa,

tú o **ella**?

R: **Ella patina en la casa. Yo no patino.**

1. P: Mariana, ¿quién canta en la biblioteca,

tú o él?

R: Él no canta. Yo canto en la biblioteca.

2. P: Roberto, ¿quién usa la computadora,

tú o ella?

R: Ella no usa la computadora. Yo uso la computadora.

3. P: Mariana, ¿quién nada en enero,

tú o él?

R: Él no nada. Yo nado en enero.

4. P: Roberto, ¿quién baila en la mesa,

tú o ella?

R: Ella baila en la mesa. Yo no bailo.

¿Cómo se dice?

Nombre ______________________

Textbook pages 154–157

A. To help you with your reporting job, Francisco showed you part of his schedule. Complete the sentences with *siempre, a veces,* or *nunca.*

L	M	M	J	V	S	D
a d	a b	a b	a b	a c	b	
a d	a	a	a d	a c	b	d
a	a	a b	a b	a	b	

a = ir a la escuela
b = practicar deportes
c = cantar en la clase de música
d = usar la computadora

M Siempre va a la escuela los miércoles.

1. A veces practica deportes los miércoles.
2. Nunca canta en la clase de música los domingos.
3. Nunca usa la computadora los martes.
4. Siempre practica deportes los sábados.

B. What do you like to do in your spare time? Complete the questions in this survey by using *siempre, a veces,* or *nunca.* Fill it out with your own answers.

M ¿Siempre estudias en casa?

Sí, siempre estudio en casa.

1. ¿__________ patinas en el invierno?

Answers will vary.

2. ¿__________ usas la computadora en agosto?

____

3. ¿__________ nadas en diciembre?

____

¡A leer!

Nombre ______________________

Read the text and fill out the chart.

Lo contrario

Las estaciones son diferentes en los dos hemisferios del mundo. Por ejemplo, si en Estados Unidos hace frío, en Argentina hace calor. Si en Argentina hace frío, en Estados Unidos hace calor. Si en Estados Unidos es el invierno, en Argentina es el verano. ¡Si en Argentina es la primavera, en Estados Unidos es el otoño!

Los meses de las estaciones también son diferentes. En Estados Unidos el invierno es en diciembre, enero y febrero. La primavera es en marzo, abril y mayo. El verano es en junio, julio y agosto. El otoño es en septiembre, octubre y noviembre. ¡Pero en Argentina es exactamente lo contrario!

Nota:
Hemisferio means *hemisphere.*
Estados Unidos means *United States.*
Lo contrario means *the opposite.*

Fill out the chart with the months for each season in each country. Remember that they are the opposite.

	Estados Unidos	Argentina
invierno	**diciembre, enero, febrero**	junio, julio, agosto
verano	junio, julio, agosto	diciembre, enero, febrero
primavera	marzo, abril, mayo	septiembre, octubre, noviembre
otoño	septiembre, octubre, noviembre	marzo, abril, mayo

Nombre ______________________

CONEXIÓN CON LA CULTURA

In Spanish-speaking countries, children love to play. They play in their schoolyard, in the streets and inside their homes. Most of the games they play you probably know, but with different names. Look at the pictures and try to write the correct names of the games in Spanish. Use a dictionary if you need it.

la rayuela las canicas el trompo el escondite ✓ la mancha

la mancha

el trompo

el escondite

la rayuela

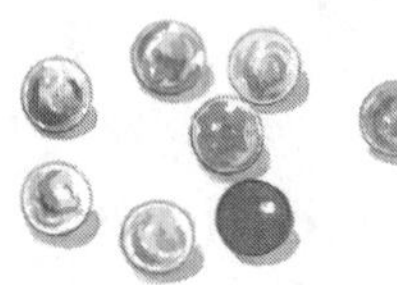

las canicas

Do you play these games too? Write sentences using *También me gusta* or *No me gusta.*

M **También me gusta jugar a la mancha. *or* No me gusta jugar a la mancha.**

1. También me gusta jugar al trompo. *or* No me gusta jugar al trompo.
2. También me gusta jugar a la rayuela. *or* No me gusta jugar a la rayuela.
3. También me gusta jugar al escondite. *or* No me gusta jugar al escondite.
4. También me gusta jugar a las canicas. *or* No me gusta jugar a las canicas.

Nombre ______________________

The names of the months in most of Europe and America all come from the calendar created in ancient Rome—the Julian calendar. The Julian calendar was not perfect, and so it was revised in the sixteenth century. The new, improved calendar was called the Gregorian calendar. Although the calendar was improved, the names of the months stayed the same.

The lists below are in five different languages: English, French, German, Italian, and Spanish. Study the lists and guess which language each list is in. Write the letter of the list on the blank beside the name of the language. (Two of them should be very easy for you!)

a	b	c	d	e
janvier	Januar	enero	gennaio	January
février	Februar	febrero	febbraio	February
mars	März	marzo	marzo	March
avril	April	abril	aprile	April
mai	Mai	mayo	maggio	May
juin	Juni	junio	giugno	June
juillet	Juli	julio	luglio	July
août	August	agosto	agosto	August
septembre	September	septiembre	settembre	September
octobre	Oktober	octubre	ottobre	October
novembre	November	noviembre	novembre	November
décembre	Dezember	diciembre	dicembre	December

__e__ English   __b__ German   __c__ Spanish

__a__ French   __d__ Italian

Help students observe that the months are capitalized in two languages and lowercased in three languages.

Enrichment: Students may work in pairs or small groups to research the Julian and the Gregorian calendars, as well as the origins of the names of the months.

Nombre ______________________

Una frase feliz

Complete each sentence with a word from the box. Then use the numbers to discover the secret phrase.

✓año	octubre	nadar	patinar
gusta	voy	enero	agosto

1. Doce meses son un a(1) ñ(2) o(3).
2. Me gusta n(4) a(5) d(6) a(7) r(8) en el verano.
3. Llueve y hace viento en o(9) c(10) t(11) u(12) b(13) r(14) e(15).
4. En e(16) n(17) e(18) r(19) o(20) nieva y hace frío.
5. En a(21) g(22) o(23) s(24) t(25) o(26) hace sol y hace calor.
6. No v(27) o(28) y(29) a la escuela en el verano.
7. A María le gusta p(30) a(31) t(32) i(33) n(34) a(35) r(36) en febrero.
8. A Natán le g(37) u(38) s(39) t(40) a(41) bailar siempre.

What do you say on New Year's Day?

¡P r(8) ó(23) s(39) p(30) e(16) r(36) o(3) A(7) ñ(2) o(28) N(17) u(38) e(15) v(27) o(9)!

Nombre ___________________________

A. **The students in señora Lozano's class are daydreaming while they wait for the cafeteria line to move. Complete each sentence according to the picture.**

M A Zoraida **le gusta el verano.**

1. A Alberto le gusta cantar. *or* le gusta la clase de música.

2. A Rosita le gusta el otoño.

3. A Juan le gusta estudiar.

4. A Ramón le gusta el invierno.

5. A Arturo le gusta ir al cine.

Nombre ______________________________

B. **You are participating in a survey of student likes and dislikes. You're asked to complete this chart. You have to choose the answer that comes closest to how you feel.**

M Me gusta. . .

a. estudiar.
b. pintar.
(c.) cantar.

1. Me gusta mucho. . .

a. el invierno.
b. el otoño.
c. la primavera.
d. el verano.

2. No me gusta. . .

a. practicar deportes.
b. cantar.
c. estudiar.
d. pintar.

3. Me gusta. . .

a. ir al cine.
b. ir a la biblioteca.
c. ir a la escuela.
d. ir al gimnasio.

4. No me gusta. . .

a. la clase de arte.
b. la clase de música.
c. el gimnasio.
d. la clase de computadoras.

Now, what questions would you ask a friend to find out if he likes the same things as you do? Write them down according to the things you marked above.

M **¿Te gusta cantar?**

1. Answers will vary.

2. ______________________________

3. ______________________________

4. ______________________________

5. ______________________________

Nombre ______________________

C. At summer camp, Elena Bosque is planning activities. First, she needs to know what people do. Complete each answer with the correct pronoun.

You may wish to point out that verb endings serve as a clue to the appropriate subject pronoun.

Extension: Continue by having students make up answers for the other people in the questions (for example, Yo no camino mucho.).

M ¿Quién camina mucho, tú o Alfredo?

Él camina mucho.

1. ¿Quién nada muy bien, Miguel o tú?

   Yo nado muy bien.

2. Señora Elías, ¿quién pinta muy bien, usted o Alicia?

   Ella pinta muy bien.

3. Enrique, ¿quién camina mucho, tú o yo?

   Tú caminas mucho.

4. ¿Quién canta muy bien, tú o Federico?

   Él canta muy bien.

D. Now Elena wants to know what you do. What are her questions? Write them on the blanks.

Extension: After students have completed the exercise, have them role-play a camp activity director and a camper. They may take turns asking and answering the questions. You may also review the exercise and have students add the subject pronoun to the questions (for example, **¿Tú practicas deportes?** or **¿Practicas deportes tú?**)

M ¿/ practicar / deportes / ?

¿Practicas deportes?

1. ¿ / caminar / mucho /?

   ¿Caminas mucho?

2. ¿ / pintar / muy / bien / ?

   ¿Pintas muy bien?

3. ¿ / cantar / muy / bien / ?

   ¿Cantas muy bien?

4. ¿ / bailar / mucho / ?

   ¿Bailas mucho?

Nombre ____________________

E. Imagine that this is Rita's calendar of after-school activities. How does Rita answer your questions? Use the calendar to answer the questions as if you were Rita.

lunes	martes	miércoles	jueves	viernes
la clase de trompeta y estudiar	la casa de Ana y bailar	el gimnasio y practicar deportes	la clase de trompeta y estudiar	el cine y caminar—la casa de Luis

Accept answers that include both the place and the activity in either order, or the place for **Adónde** questions and the activity for **Qué** questions.

M ¿Adónde vas el jueves?

Voy a la clase de trompeta.

1. ¿Adónde vas el viernes?

   Voy al cine y a la casa de Luis.

2. ¿Qué vas a hacer el miércoles?

   Voy a practicar deportes (en el gimnasio).

3. ¿Adónde vas el martes?

   Voy a la casa de Ana (a bailar).

4. ¿Adónde vas el miércoles?

   Voy al gimnasio (a practicar deportes).

5. ¿Qué vas a hacer el viernes?

   Voy a caminar (a la casa de Luis).

Nombre ______________________

F. Little Paquito is curious about Rita's activities, too. How do you answer Paquito's questions? Use the calendar on page 88 to check Rita's schedule and write your answers.

M ¿Qué hace Rita el jueves?

Va a la clase de trompeta y estudia.

1. ¿Qué hace Rita el viernes?

   Va al cine y camina a la casa de Luis.

2. ¿Qué hace Rita el lunes?

   Va a la clase de trompeta y estudia.

3. ¿Qué hace Rita el miércoles?

   Va al gimnasio y practica deportes.

4. ¿Qué hace Rita el martes?

   Va a la casa de Ana y baila.

¡Piénsalo!

The pet shop is about to close. Make a decision about which animal you like better.

¿Cuál te gusta, la tortuga grande o la pequeña?

Answers will vary.

¿Cuál te gusta, el lagarto largo o el corto?

____

Encourage students to use the adjective as a noun in their answers.

Nombre ___________________________

G. **How well do you know yourself? How well do you know your classmate? Take the following quiz. First answer according to what you like. Then answer according to what you think your classmate likes. Compare answers with your classmate to find out if you were right.**

M ¿Qué bolígrafo te gusta?

Me gusta el largo. Le gusta el corto. ***or*** **Le gusta el largo.**

____

1. ¿Qué gato te gusta?

Answers will vary.

____

2. ¿Qué casa te gusta?

____

____

3. ¿Qué mariposa te gusta?

____

____

4. ¿Qué loro te gusta?

____

____

¿Cómo se dice?

Nombre ______________________

Textbook pages 162–165

A. Try this guessing game. What do the pictures make you think of? Answer the question *¿Qué tienes?*

M 

Tengo sed.

2. 

Tengo miedo.

1. 

Tengo calor.

3. 

Tengo frío.

B. You are eating in a noisy restaurant. You can only hear part of the conversations around you. Can you guess the questions to the answers you hear?

M ¿Tienes hambre?

Sí, tengo hambre. Quiero una hamburguesa.

1. ¿Tienes sueño?

No. No tengo sueño, tengo frío.

2. ¿Tienes sed?

Sí, tengo sed.

3. ¿Qué tiene Karina?

¿Karina? Tiene la gripe.

4. ¿Qué tienes?

¿Yo? Tengo calor.

¿Cómo se dice?

Nombre ____________________

Textbook pages 166–169

A. Ignacio is having a hard day. Describe Ignacio's day. Match each sentence to the correct picture.

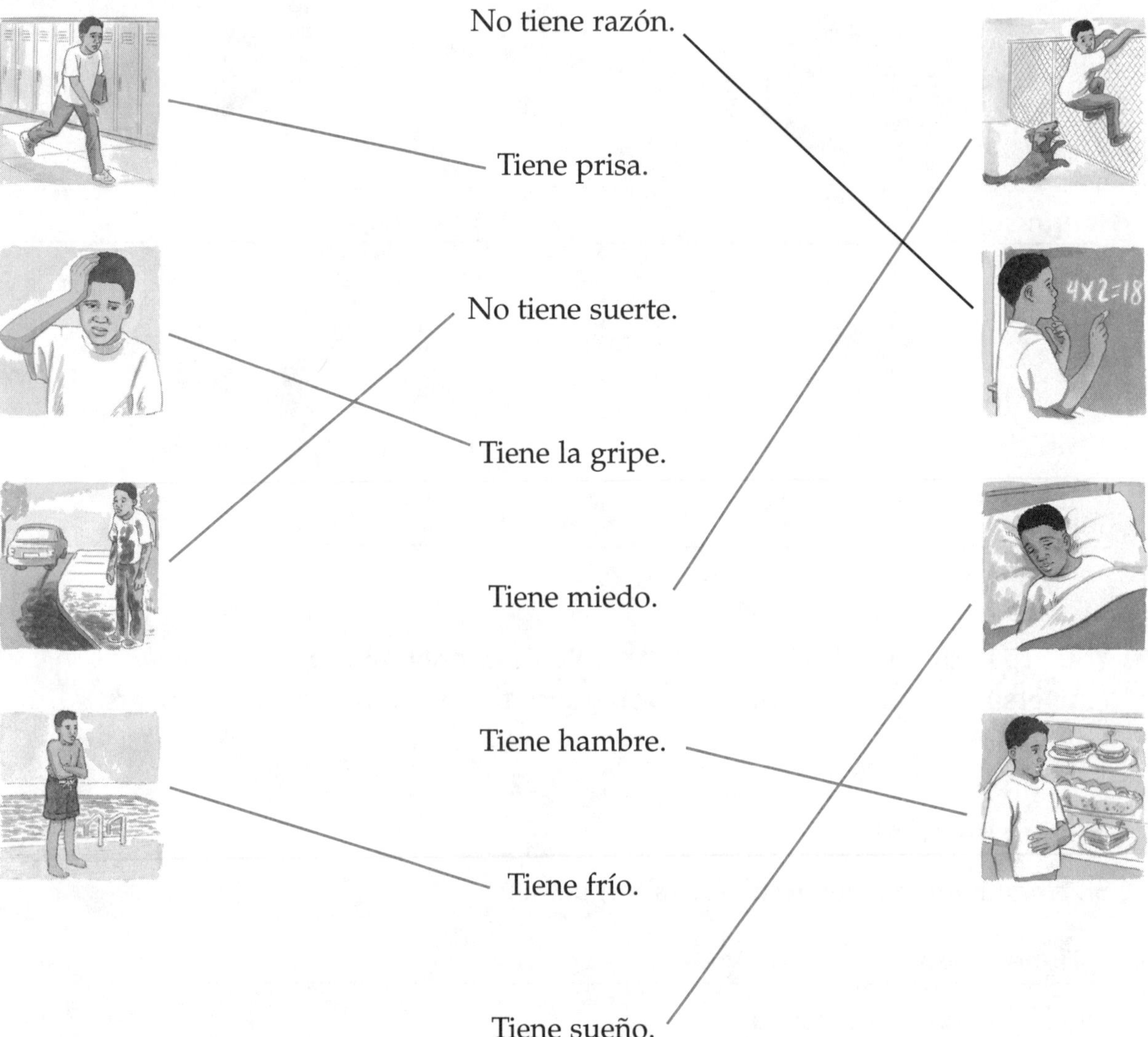

Enrichment: Students may create Big Books, using the **tener** expressions to tell the story of a bad day.

¿Cómo se dice?

Nombre ______________________

Textbook pages 170–174

○ **A. You are visiting the Serrano family to play with your friend, Guillermo. Your mom *(tu mamá)* is coming with you. Will you greet them using *tú* or *usted?* Look at the picture and at the greetings, and decide if they are something you could say, your mother could say, or both could say.**

	tú	tu mamá
M ¡Hola, Guillermo!	x	x
1. ¿Cómo está usted, doña Margarita?	x	x
2. Hola, Pilar. ¿Cómo estás?		x
3. Hola, don Jesús. ¿Cómo está usted?	x	
4. ¡Don Francisco! ¿Cómo está?	x	x
5. ¿Cómo está, doña Pilar?	x	

◐ **B. It's Talent Night at the community center. What a talented group of people! Use the word in parentheses to complete the sentence saying what each person does well.**

M Señorita Vásquez, **usted canta** muy bien. (cantar)

1. Josefina, tú pintas muy bien. (pintar)

2. Señora Calvo, usted patina muy bien. (patinar)

3. Vicente, tú practicas deportes muy bien. (practicar)

4. Señorita Martínez, usted nada muy bien. (nadar)

Nombre ______________________

C. Beatriz has interviewed many people at her school. You have found her notes. What questions did she ask? Write them on the blanks.

M La señora Trillo patina mucho.

¿Patina usted mucho?

1. Estela camina mucho los sábados.

   ¿Caminas tú mucho? (Accept other wording as appropriate.)

2. Ricardo usa la computadora en la biblioteca.

   ¿Usas tú la computadora?

3. El señor Perales nada todos los días.

   ¿Nada usted mucho?

4. La señorita Ojeda va al gimnasio los viernes.

   ¿Va usted al gimnasio?

5. Gilberto no practica deportes.

   ¿Practicas tú deportes?

Extension: Have students think of alternative questions that would result in the same reporter's notes (for example, **¿Cuándo caminas tú mucho? ¿Dónde usas tú la computadora? ¿Qué día nada usted? ¿Cuándo va usted al gimnasio?**)

¡Piénsalo!

What would you say if you found a pot of gold? Follow the arrows and write the words in the blanks.

¡T e n g o

m u c h a

s u e r t e!

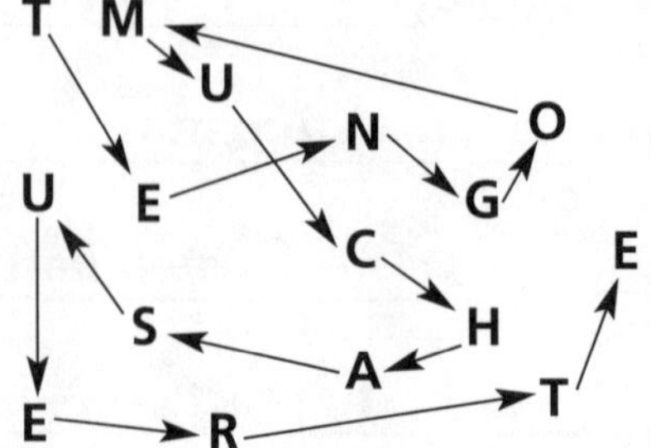

Games with this format are popular in comic books and activity books for young people. Usually, the letters result in a quotation from a famous author.

¿Cómo se dice?

Nombre ______________________

Textbook pages 175–179

A. Señor Montalvo's class held a rummage sale. What did everyone buy? Complete and answer the question according to the picture. Use *tengo, tienes,* or *tiene.*

M P: ¿Qué ___tiene___ Alberto?

R: Él ___tiene___ un oso negro.

1. P: Señor Montalvo, ¿qué ___tiene___ usted?

R: ___Tengo___ un globo grande.

2. P: Elisa, ¿qué ___tienes___ tú?

R: ___Tengo___ un loro.

3. P: ¿Qué ___tiene___ Verónica?

R: Ella ___tiene___ un calendario.

4. P: Daniel, ¿qué ___tienes___ tú?

R: ___Tengo___ un mapa.

5. P: Señora Vega, ¿qué ___tiene___ usted?

R: ___Tengo___ unos peces.

6. P: ¿Qué ___tiene___ Rafael?

R: Él ___tiene___ unos libros.

Extension: Ask volunteers to read their answers to the class. Students may extend the activity by creating other questions and answers on the chalkboard.

Nombre ______________________

B. Your friend Juan isn't very good at Spanish! He has described these pictures and has made mistakes in some of them. Luckily, he's got you to help him. Read his sentences and rewrite the ones that are not correct. Careful: Some sentences are correct. Write *correcto* next to the correct sentences.

M Tengo cinco lápices.

Tengo tres lápices.

1. Él tiene dos gatos.

Ella tiene dos gatos.

2. Yo tengo un libro.

Tú tienes un libro.

3. Yo tengo una computadora.

correcto

C. You have discovered an interesting fact: Tomás, Magdalena and you always have ten of everything among the three of you! You are talking to Tomás about this. Complete your sentences.

M Yo tengo tres lápices y Magdalena tiene dos lápices.

Tú tienes cinco lápices.

1. Magdalena tiene cinco libros y tú tienes cuatro libros.

Yo tengo un libro.

2. Tú tienes tres sillas y yo tengo tres sillas.

Magdalena tiene cuatro sillas.

3. Yo tengo seis cuadernos y Magdalena no tiene cuadernos.

Tú tienes cuatro cuadernos.

¡A leer!

Nombre ______________________

Read the paragraph and answer the questions.

El camello

Un camello camina por el desierto. Tiene calor, pero no tiene sed. Al caminar, piensa. . . "El camino por el desierto siempre es largo. Camino y camino de día y de noche. Días y días, semanas y semanas. . . Voy en la caravana de camellos. Uno, dos, tres, cuatro, veinte camellos vamos en la caravana. No tengo sed. Siempre voy por el desierto, de color amarillo y marrón. Voy al oasis. Me gustan los oasis con palmeras. Las serpientes no me gustan, pero nunca tengo miedo".

Nota:
Camello means *camel.*
Desierto means *desert.*
Camino means *path.*

1. ¿Cómo es el camino por el desierto?

   El camino por el desierto es largo.

2. ¿De qué colores es el desierto?

   Es amarillo y marrón.

3. ¿Adónde va el camello?

   Va al oasis.

4. ¿Cuántos camellos hay en la caravana?

   Hay veinte camellos.

5. ¿Qué tiene el camello?

   El camello tiene calor.

6. ¿Qué no tiene el camello?

   El camello no tiene sed. El camello no tiene miedo.

Nombre ______________________________

CONEXIÓN CON LAS MATEMÁTICAS

Look at this weather report for some cities in Latin America and Spain. What is the temperature there today? Color in the thermometers to indicate the temperature. Decide whether it is cold or hot. Write *Hace frío.* or *Hace calor.* Then look at the icons and describe the weather.

	Temperatura	Tiempo	¿Qué tiempo hace?
Asunción	100° 90° 80° 70° 60° 50° 40° 30° 20° 10° 0° -10° -20° -30° -40°		Hace frío. Hace sol.
Buenos Aires	100° 90° 80° 70° 60° 50° 40° 30° 20° 10° 0° -10° -20° -30° -40°		Hace frío. Está lloviendo. *or* Llueve.
Caracas	100° 90° 80° 70° 60° 50° 40° 30° 20° 10° 0° -10° -20° -30° -40°		Hace calor. Hace sol.
La Habana	100° 90° 80° 70° 60° 50° 40° 30° 20° 10° 0° -10° -20° -30° -40°		Hace calor. Está nublado.
La Paz	100° 90° 80° 70° 60° 50° 40° 30° 20° 10° 0° -10° -20° -30° -40°		Hace frío. Hace viento.
Madrid	100° 90° 80° 70° 60° 50° 40° 30° 20° 10° 0° -10° -20° -30° -40°		Hace fresco. Hace viento.

Expresa tus ideas

Nombre ______________________________

The Explorers' Club visited the Tropical World exhibit at the zoo. Señorita Aventura took a picture of the members. It's your job to write a story for the club newspaper. Write at least five sentences about the picture.

hay	calor	hambre	grande
hace	dolor	sueño	niños
tener	sed	miedo	niñas

Sentences will vary. Sample sentences include: Hay cuatro niños y tres niñas.

Pepe tiene miedo. Ana tiene mucha sed. José tiene hambre. Hace mucho calor.

Rita tiene calor y tiene dolor. Luis tiene mucho calor. Paco tiene dos loros grandes.

Berta tiene sueño.

____

____

____

____

____

Beginning with **Unidad 7,** the section **"Expresa tus ideas"** will periodically give students the opportunity to write short compositions in Spanish. Depending on the abilities of your students, you may wish to give them a list of questions about the illustration(s) for guidance. Students may also work in pairs or small groups to create sentences.

Nombre ______________________

Una nota secreta

Patricia has passed you a note in class. Break the secret code to find out what she is saying. Circle the letters in the note to form words. Then write each letter in order.

(T)	I	J	K	(E)	I	J	K	(N)	I	J	K
(G)	I	J	K	(O)	I	J	K	(M)	I	J	K
(U)	I	J	K	(C)	I	J	K	(H)	I	J	K
(A)	I	J	K	(H)	I	J	K	(A)	I	J	K
(M)	I	J	K	(B)	I	J	K	(R)	I	J	K
(E)	I	J	K								

¡Tengo mucha hambre!

¿Cómo se dice?

Nombre ______________________

Textbook pages 184–187

○ **A. Margarita is impatient. Fifteen minutes seem like an hour to her. Color the clocks to show her when you will do different activities. Note that *en* means in.**

M Voy a la escuela en media hora.

1. Voy a estudiar en dos horas.

2. Voy a bailar en un cuarto de hora.

3. Voy a usar la computadora en una hora.

4. Voy a la casa en media hora.

5. Voy a caminar en una hora y cuarto.

¡Piénsalo!

How long do these activities last? Write the answer next to the times.

Nadar el sábado 11:15–11:45 **media hora**

Caminar en el parque 12:00–1:30 una hora y media

Clase de música 3:30–4:45 una hora y cuarto

Comprar un libro 5:00–5:15 un cuarto de hora

Comer pizza 8:00–8:30 media hora

¿Cómo se dice?

Nombre ____________________

Textbook pages 188–191

A. Look at Martín's schedule and complete the dialogues using *por la mañana, por la tarde,* or *por la noche.*

lunes: parque (5:00pm)
miércoles: cine (7:00pm)
jueves: patinar (9:30pm)
sábado: biblioteca (9:00am)
domingo: tienda (10:00am)

M —¿Cuándo vas a la biblioteca, Martín?

—Voy el sábado **por la mañana**.

1. —Y, ¿cuándo vas al cine?

   —Voy el miércoles **por la tarde**.

2. —¿Cuándo va a la tienda Martín?

   —Va el domingo **por la mañana**.

3. —Martín patina los lunes por la noche.

   —No, él patina los jueves **por la noche**.

B. How observant are you? Look at the pictures and decide at what time of day the activities take place. Write a sentence telling what you decided.

M 

Es la medianoche.

2. 

Es la medianoche.

4. 

Es la salida del sol.

1. 

Es el mediodía.

3. **Es la puesta del sol.**

5. 

Es el mediodía.

Enrichment: Have students find pictures in old magazines that represent the different times of day. Pictures may be displayed on the bulletin board and used for review or assessment.

¿Cómo se dice?

Nombre ______________________

Textbook pages 192–196

○ **A. Hortensia has made a chart to teach her brother how to tell time. Help her finish the chart. Draw a line from the sentence to the right clock. (Careful! There are too many clocks!)**

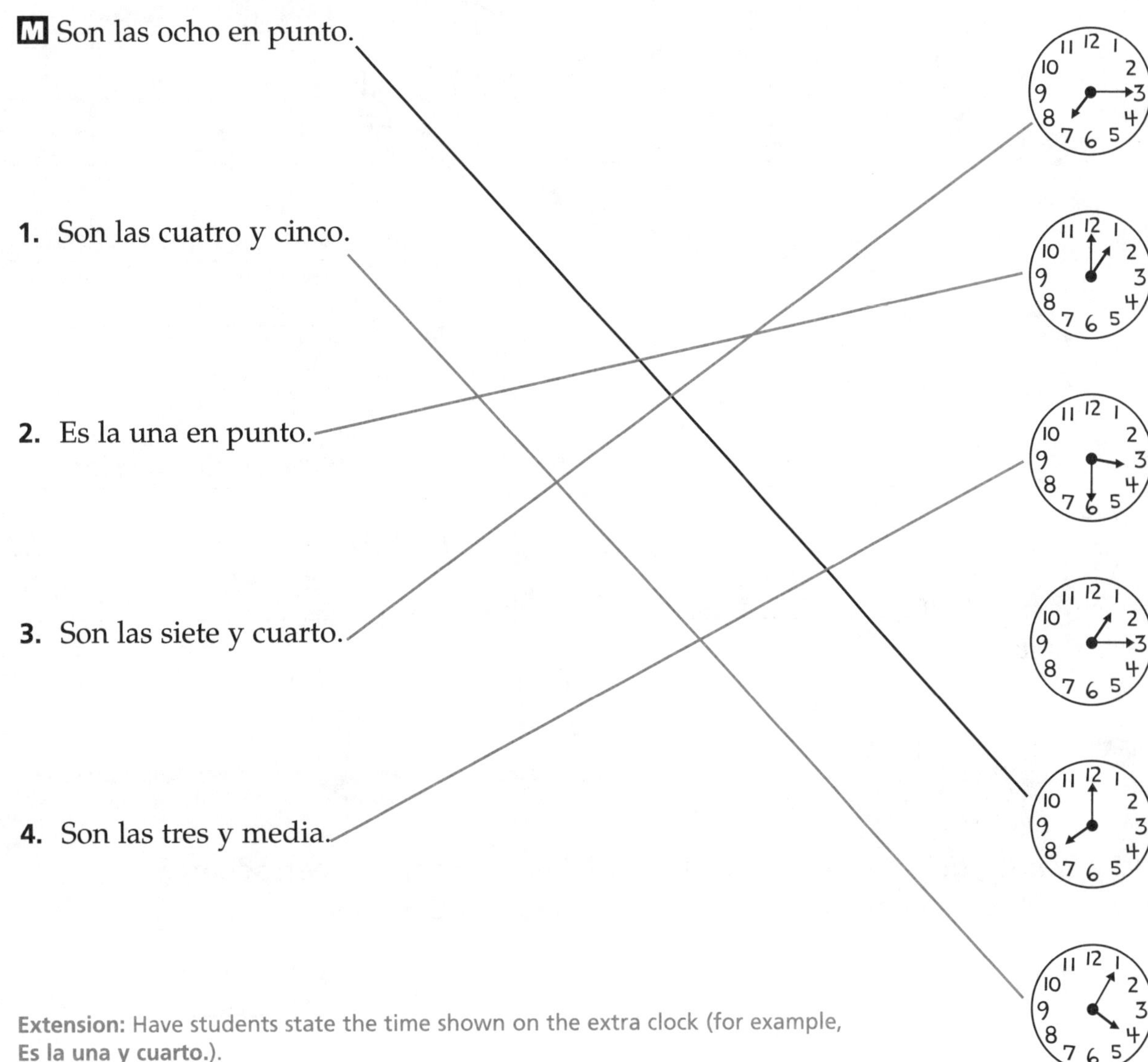

Extension: Have students state the time shown on the extra clock (for example, **Es la una y cuarto.**).

Nombre ____________________

B. You should have changed the battery in your watch. It's running five minutes slow. Tell the right time by adding five minutes to the time on the clock. Write a sentence.

M  Son las tres y cinco.

1. Son las ocho y veinte.

2. Son las cuatro y veintiséis.

3. Es la una y media.

4.  Son las siete y cinco.

5.  Son las cinco y siete.

Extension: Have students draw the minute hand at the correct time, using a colored pencil or pen.

¡Piénsalo!

Ricky wants you to go to the movies with him. Decode his message by unscrambling the letters and writing the words on the lines.

¿A qué (éuq) hora (aohr) vas (avs) al cine (enic)?

Voy a las (lsa) cinco (occni) en (ne) punto (unpto).

Nombre ______________________________

C. Manuel has a busy week! Can you help him answer questions about his activities? Use the schedule below.

	por la mañana	por la tarde	por la noche
lunes	9:30–clase de música	3:30–biblioteca	8:00–estudiar en casa
martes	9:40–clase de arte	5:10–dentista	8:30–estudiar en casa
miércoles	10:45–clase de español	4:45–casa de Jorge	7:45–estudiar en casa
jueves	11:15–clase de computadoras	4:30–biblioteca	7:45–estudiar en casa de Jorge
viernes	¡FIESTA!	2:30–nadar	9:30–casa de Ana
sábado	11:00–gimnasio	3:45–tienda	9:00–cine
domingo	11:30–parque	4:15–casa de Ana	8:00–estudiar en casa

M ¿A qué hora vas a ir al cine el sábado?

A las nueve de la noche.

1. ¿A qué hora vas a ir a clase de música el lunes?

   A las nueve y media de la mañana. (Accept shortened versions.)

2. ¿Cuándo vas a ir al gimnasio?

   El sábado a las once de la mañana.

3. ¿Cuándo vas a ir al dentista?

   El martes a las cinco y diez de la tarde.

4. ¿Qué vas a hacer el viernes por la tarde?

   Voy a nadar a las dos y media.

5. ¿Cuándo vas a ir a casa de Ana?

   El viernes a las nueve y media de la noche y el domingo a las cuatro y cuarto de la tarde.

6. ¿Qué vas a hacer el lunes y el martes por la noche?

   Voy a estudiar en casa.

Nombre ______________________

D. Bárbara and Berta are best friends. On Saturday, they like to spend a lot of time together. They even made a schedule of their activities. Answer the question according to the schedule.

Bárbara	**Berta**
8:40 / la clase de arte	9:30 / la casa
9:38 / la casa de Berta	11:00 / la casa de Bárbara
11:00 / la casa	1:20 / la clase de computadoras
3:40 / la biblioteca	3:35 / la biblioteca

M ¿A qué hora va Bárbara a la clase de arte?

Va a la clase de arte a las nueve menos veinte.

1. ¿Cuándo va Berta a la casa de Bárbara?

   Va a la casa de Bárbara a las once en punto.

2. ¿Cuándo va Bárbara a la casa de Berta?

   Va a la casa de Berta a las diez menos veintidós.

3. ¿A qué hora va Berta a la clase de computadoras?

   Va a la clase de computadoras a la una y veinte.

4. ¿A qué hora va Berta a la biblioteca?

   Va a la biblioteca a las cuatro menos veinticinco.

5. ¿Cuándo camina Bárbara a la biblioteca?

   Camina a la biblioteca a las cuatro menos veinte.

¿Cómo se dice?

Nombre ______________________

Textbook pages 197–201

A. You dropped your note cards and got them all mixed up. Match the questions with the answers by writing the letter of the correct answer next to the question.

1. ¿Cómo te llamas?	d	**a.** Es Mariano Huerta.
2. ¿Adónde vas?	e	**b.** Bailo a las seis y cuarto.
3. ¿Qué día es hoy?	h	**c.** Hay cinco lápices.
4. ¿Qué es?	f	**d.** Me llamo Ana López.
5. ¿Quién es?	a	**e.** Voy al cine.
6. ¿Qué hora es?	g	**f.** Es un pizarrón.
7. ¿A qué horas bailas?	b	**g.** Son las seis y cuarto.
8. ¿Cuántos lápices hay?	c	**h.** Es miércoles.

B. Now, ask the above questions to a partner. Write down his or her answers.

____

____

____

____

____

____

____

Nombre ______________________

C. **You are interviewing a foreign exchange student. Complete your question with the correct question word.**

Cuál	Adónde	Quién	A qué hora
Cuándo	Cómo	Dónde	Qué

M Rita: ¿ **Dónde** estudias los lunes?

Óscar: Estudio en la biblioteca.

1. Rita: ¿ **Cuándo *or* A qué hora** vas a la casa por la tarde?

   Óscar: Voy a la casa a las cuatro menos veinte.

2. Rita: ¿ **Qué** haces los sábados por la noche?

   Óscar: A veces voy al cine los sábados.

3. Rita: ¿ **Cuál** es tu animal favorito?

   Óscar: Mi animal favorito es el elefante.

4. Rita: ¿ **Cómo** son los elefantes?

   Óscar: Son grises. Son muy grandes.

D. **Write three statements about yourself. Then write three questions you would ask a friend to find out the same information.**

Statements	Questions
M Tengo muchos amigos.	**M** ¿Cuántos amigos tienes?
1. Statements and questions will vary.	1. ______________
2. ______________	2. ______________
3. ______________	3. ______________

Extension: Have students choose partners and ask each other the questions.

¡A leer!

Nombre ______________________

Read the paragraph and answer the questions.

El tiempo

Un calendario mide el tiempo en días y meses. Un reloj mide el tiempo en horas, minutos y segundos. En un día hay 24 horas, 1,440 minutos y 86,400 segundos. ¡Es mucho tiempo!

Quizás no te gusta tu reloj porque te levantas a la salida del sol. Pero un reloj es importante para saber qué hora es, a qué hora vas a las clases, cuándo estás con tus amigos y por cuánto tiempo. Hay muchos relojes diferentes: digitales, de sol, con alarma, para los deportes, etc.

1. ¿Cómo mide el tiempo un calendario?

   En días y meses.

2. ¿Cómo mide el tiempo un reloj?

   En horas, minutos y segundos.

3. ¿Cuántas horas hay en un día?

   Hay 24 horas.

Dibuja tres tipos diferentes de relojes. ¿Cómo se llaman?

Nombre ______________________________

CONEXIÓN CON LA SALUD

As you know, stress isn't just something that happens to adults. Children can suffer from it, too, if they work too hard or do too many activities. We all need to be aware of it and change some aspects of our lives in order to be healthier and feel more relaxed.

Imagine this is your weekly schedule. Make all necessary changes to turn your life into a less stressful one. Put together your new schedule below.

HORARIO ACTUAL	**lunes**	**martes**	**miércoles**	**jueves**	**viernes**
mañanas	• clase de natación • escuela	• gimnasio • escuela	• clase de piano • escuela	• clase de japonés • escuela	• clase de piano • escuela
tardes	• biblioteca	• clase de japonés	• fútbol	• biblioteca	• fútbol

NUEVO HORARIO	**lunes**	**martes**	**miércoles**	**jueves**	**viernes**
mañanas	dormir más horas	**Answers will vary.**			
tardes					

Now, explain the changes you made.

El lunes por la mañana no voy a ir a la clase de natación y voy a dormir más horas.

____

____

¡APRENDE MÁS!

Nombre ______________________________

In Spanish, as in English, there are more ways than one to state the time. Often Spanish speaking people use the verb *faltar,* which means "to be lacking," to state the time before the hour. Occasionally, you will hear Spanish-speaking people who have lived in the United States adapt their language to the English form. Look at the clock below and read three ways you may hear people answer the question: *¿Qué hora es?*

1. Son las cinco menos veinticinco.
2. Faltan veinticinco minutos para las cinco.
3. Son las cuatro y treinta y cinco.

The first sentence follows the way you are learning. Spanish-speaking people all over the world will understand you if you use this pattern.

The second sentence uses the verb **faltar.** It is a way of saying "It's twenty-five to five."

The third sentence uses Spanish words with the English way of telling time. It's the same as saying, "It's four thirty-five."

Read the following examples, then write the same time in the way you have learned.

1. Faltan veinte minutos para las diez.

2. Son las nueve y cuarenta.

3. Son las diez menos veinte.

1. Faltan quince minutos para la una.

2. Son las doce y cuarenta y cinco.

3. Es la una menos cuarto.

Nombre ____________________

La página de diversiones

¿Quién tiene la pelota?

Detective Carlota Curiosa has been called to the Colegio Juárez to find out who took a soccer ball from the gymnasium. All she knows is that the ball *(la pelota)* was there on Tuesday at 1:00 P.M., but it was missing at 2:00 P.M. As a detective in training, you must read the testimony from the suspects and form your own conclusion!

Mario del Barrio

P: ¿A qué hora vas al gimnasio?

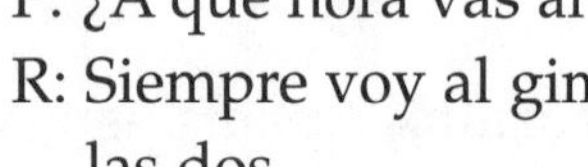

R: Siempre voy al gimnasio a las dos en punto. Tengo una clase a las dos.

Señor Olvida

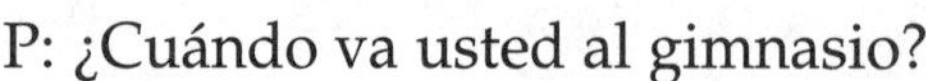

P: ¿Cuándo va usted al gimnasio?

R: Voy al gimnasio a las dos menos veinte. Busco un globo. Mario practica deportes con mis globos.

Susana Banda

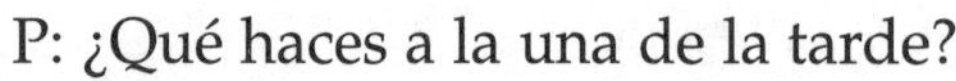

P: ¿Qué haces a la una de la tarde?

R: Siempre voy a la clase de música a la una en punto. Voy al gimnasio a las nueve de la mañana.

Señora Rústica

P: ¿Cuándo va usted al gimnasio?

R: A veces voy al gimnasio a la una menos cuarto. Me gusta practicar deportes. Los martes voy a la biblioteca.

Extension: Students may enjoy role-playing the detective and the suspects. Advanced students may wish to create their own mysteries that take place in the school.

¿Quién tiene la pelota?

El señor Olvida tiene la pelota.

Mira la página 114 para la solución.

¿Cómo se dice?

Nombre ______________________________

Textbook pages 206–209

A. What can you see in your classes? Match the pictures with the names of the classes. (Be careful: some classes relate to more than one picture.)

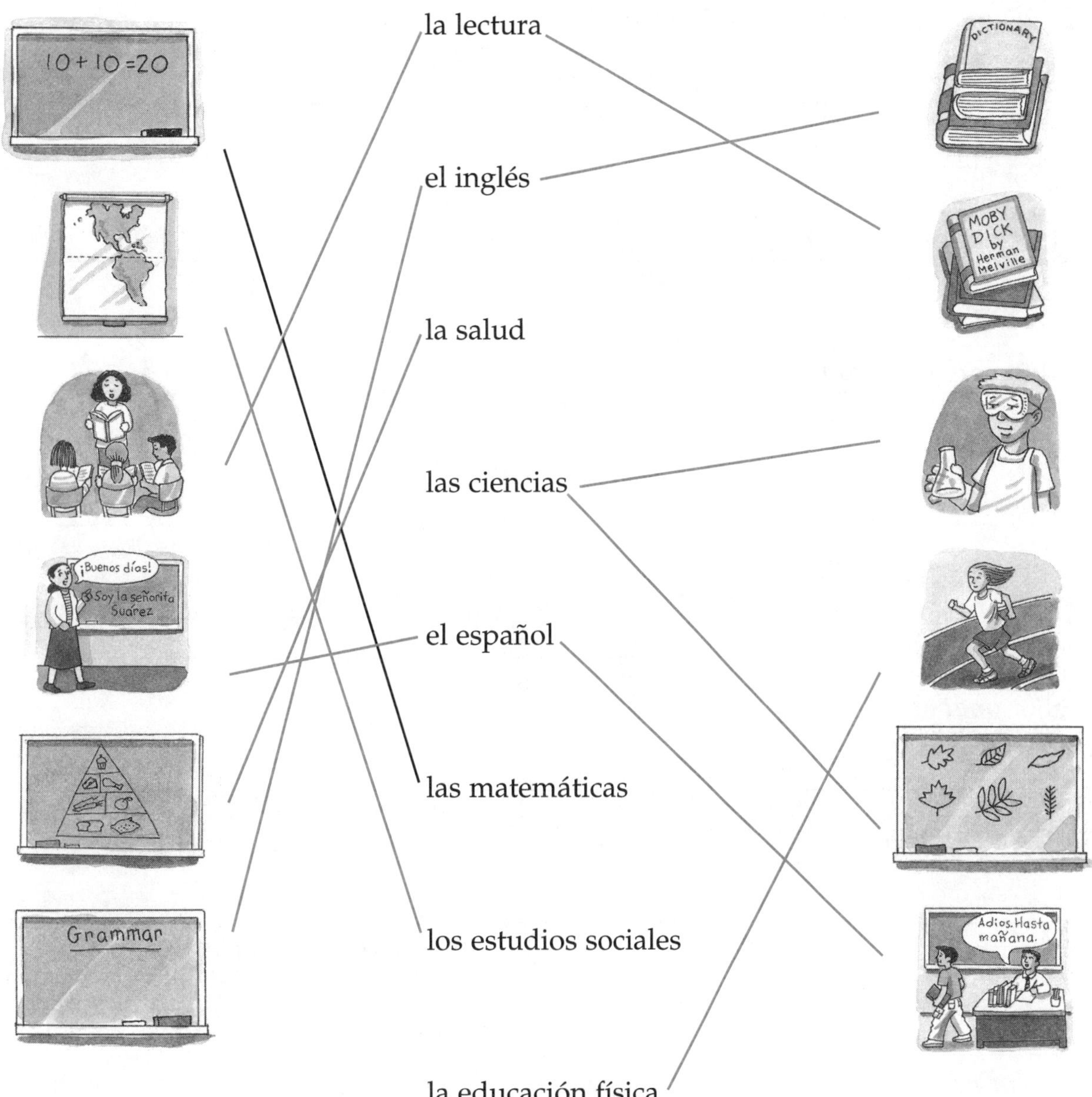

¿Cómo se dice?

Nombre ______________________

Textbook pages 210–213

A. Gabriela is interviewing you to find out which classes you like best. Write your answers.

M ¿Te gusta la clase de educación física?

Sí, me gusta la clase de educación física.

M ¿Por qué?

La clase es divertida y fantástica.

1. ¿Te gusta la clase de ciencias?

   Answers will vary.

2. ¿Por qué?

   ____

3. ¿Te gusta la clase de inglés?

   ____

4. ¿Por qué?

   ____

5. ¿Cuál es tu clase favorita?

   ____

6. ¿Por qué?

   ____

Ask volunteers to share their answers with the class. Students may find the words **¿por qué?** in the Spanish-English Word List in their textbooks if they do not guess the meaning.

Solución a **¿Quién tiene la pelota?** de la página 112.

El señor Olvida tiene la pelota.

¿Cómo se dice?

Nombre ______________________

Textbook pages 214–218

A. You and Elvira are making T-shirts for your friends. Each shirt will have a picture of something each friend likes or dislikes. Answer Elvira's questions according to the faces.

M ¿A Carlos le gusta el arte?

Sí, le gusta el arte.

3. ¿A Norma le gustan las clases?

No, no le gustan las clases.

1. ¿A Javier le gusta el invierno?

No, no le gusta el invierno.

4. ¿A Paco le gustan los osos?

Sí, le gustan los osos.

2. ¿A Inés le gustan los libros?

Sí, le gustan los libros.

5. ¿A Lola le gustan los niños?

Sí, le gustan los niños.

¡Piénsalo!

Answer the question below and then draw a design of what you like on the T-shirt.

¿Qué te gusta?

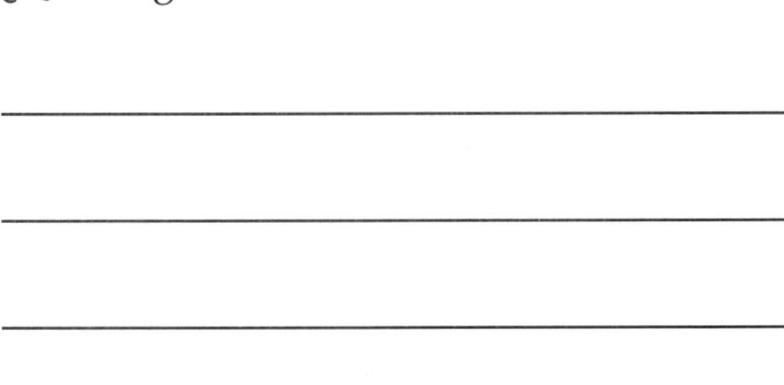

Nombre ______________________

B. You and Elvira are ready to give your friends these T-shirts. Tell what each person likes or doesn't like. Use the picture and the name to write a sentence.

Students may interpret the illustrations in different ways. Accept reasonable responses.

M

A Diego no le gustan los deportes.

1.

A Mariela le gusta la música.

2.

A Susana le gustan las mariposas.

3.

A Berta no le gustan las matemáticas.

4.

A Héctor no le gustan las computadoras.

5.

A Raúl le gustan los gatos.

Enrichment: Make copies of students' T-shirt drawings on page 115, label them with student names, and ask the class to make up sentences about the pictures. Encourage students to color their drawings and use them for a bulletin-board display.

¿Cómo se dice?

Nombre ______________________

Textbook pages 219–223

A. You have written a message to your key pal in Venezuela. Use the appropriate form of the word in parentheses to complete each sentence.

11 de enero

¡Hola, Óscar!

¿Cómo estás? Estoy muy bien. (M) Yo **escribo** (escribir) esta carta en la casa. (1) Yo aprendo (aprender) el español en la escuela. (2) ¿Aprendes (aprender) tú el inglés? (3) ¿Escribes (escribir) tú en inglés? (4) Yo leo (leer) mucho en la clase de inglés. (5) Yo siempre comprendo (comprender) las lecciones. (6) También pinto (pintar) mucho en la clase de arte. (7) Mi amigo Pepe también pinta (pintar). (8) En mi escuela, aprendo (aprender) a usar las computadoras. (9) Y tú, ¿qué aprendes (aprender)?

¡Hasta pronto!

____

(tu nombre)

Nombre ______________________

B. You have been selected to appear with other "super-brains" on the game show *Los supercerebros.* Each contestant is given a situation and uses the clues to state what the subject does in that situation. Write the statements in your own words. Good luck!

You may want to present other examples before assigning this exercise.

M La maestra escribe una pregunta en el pizarrón. (El alumno / leer)

El alumno lee la pregunta.

1. Un compañero de clase tiene un número de teléfono. Tú tienes un cuaderno y un lápiz. (Yo / escribir)

   (Wording may vary. Accept logical answers.) Yo escribo el número de teléfono.

2. Hace mucho frío. A Juanita le gusta practicar deportes. (Ella / patinar)

   Ella patina.

3. Enrique va a la biblioteca. Hay un libro interesante. (Él / leer)

   Él lee el libro (interesante).

4. La señora Molina lee libros en inglés. Ella escribe mucho en inglés. (Ella / comprender)

   Ella comprende el inglés.

5. Tú lees la lección de estudios sociales. Escribes todas las respuestas. (Yo / comprender)

   Yo comprendo la lección. *or* las preguntas.

6. Diego va a la clase de computadoras. La clase es muy aburrida. Él nunca escribe en el cuaderno. Nunca tiene razón. (Él / no aprender)

   Él no aprende mucho en la clase.

Extension: Students may enjoy creating other situations with clues and staging a game show for the class.

¡A leer!

Nombre ______________________

Read the letter that Paula wrote to her key pal in Guatemala and fill out the chart below.

Las clases de Paula

Querido Javier:

Me gusta mucho la escuela. Tengo muchas clases este año. ¡La clase de español es fantástica! Aprendo mucho. La clase de lectura es difícil. Hay muchos libros y muchas tareas. Mi clase favorita es la clase de música. Allí voy a cantar y bailar con mis amigos. La clase de arte es divertida también. Pinto y dibujo obras de arte muy interesantes. A las doce tengo clase de educación física; es aburrida. Tengo hambre y sueño a esa hora. ¡No quiero practicar deportes a las doce del mediodía!

La clase de matemáticas es fácil. Me gustan mucho los números. La clase de salud es terrible, ¡y no comprendo nada! No tengo suerte con la clase de estudios sociales tampoco. ¡Pero la clase de ciencias y de inglés son sensacionales!

Hasta pronto,
Paula

¿Qué clases le gustan y no le gustan a Paula? Escribe las clases en la columna correcta.

Le gusta	No le gusta
la clase de español	la clase de lectura
la clase de arte	la clase de educación física
la clase de música	la clase de salud
la clase de matematicas	los estudios sociales
la clase de ciencias	
la clase de inglés	

Nombre ______________________________

CONEXIÓN CON LAS MATEMÁTICAS

In class, select a work of art to exhibit in the front of the classroom. Then each student in class chooses one of these expressions to say what they think of the work of art. Write a checkmark for each time each expression is used.

Choose one symbol to represent your classmates. On the chart, draw as many symbols for each expression as the number of classmates who say that expression. Make a pictograph.

¡Es divertido! ______________________________

¡Es fantástico! ______________________________

¡Es interesante! ______________________________

¡Es importante! ______________________________

¡Es aburrido! ______________________________

	Personas
¡Es divertido!	Answers will vary.
¡Es fantástico!	
¡Es interesante!	
¡Es importante!	
¡Es aburrido!	

Expresa tus ideas

Nombre ______________________

The Explorers' Club is holding a special meeting at school on Saturday. The members are supposed to plan their summer trip. No one seems to be paying attention! Use the words below to write at least five sentences about the picture.

leer	estudiar	interesante	importante
escribir	aprender	terrible	divertido
gustar	comprender	mucho	fantástico

Sentences will vary. Sample sentences may include: Pepe tiene calor. Rita estudia mucho. Ella lee un libro muy interesante. Ella aprende mucho. A Luis le gusta la mariposa. Él es divertido. Berta escribe en el pizarrón. Ana lee una pregunta. Ella no comprende la pregunta. A Paco le gusta el club. ¡Es fantástico!

Nombre ______________________________

Busca la palabra

Read each sentence. Look in the puzzle for the word or words in heavy black letters. Each word may appear across or down in the puzzle. When you find a word, circle it. One is done for you.

1. ✓ **Escribo con** un **lápiz** en el **cuaderno.**
2. A mí **me gusta** la **clase** de **salud.**
3. ¿A ti te **gustan** las **ciencias?**
4. La **lectura** es **aburrida.**
5. ¡Qué **terrible!** Paco no **comprende** la **lección.**
6. **Siempre aprendo mucho** en las clases.
7. La **pregunta** es **muy fácil.**

M	J	C	U	A	D	E	R	N	O	L	Q	R	Ñ
U	X	I	P	R	E	G	U	N	T	A	U	T	C
Y	L	E	C	T	U	R	A	Í	A	U	É	Q	O
M	O	N	X	T	Y	C	L	A	S	E	Z	A	N
E	S	C	R	I	B	O	V	E	N	T	A	N	A
P	A	I	B	G	E	M	U	C	H	O	M	U	L
A	L	A	Ó	R	F	P	L	A	B	R	E	S	E
G	U	S	T	A	T	R	Ñ	P	C	I	C	Ó	C
A	D	I	R	N	T	E	R	R	I	B	L	E	C
L	Á	P	I	Z	E	N	T	E	N	Z	R	Q	I
A	B	U	R	R	I	D	A	N	Á	B	P	R	Ó
S	I	E	M	P	R	E	D	D	B	R	U	R	N
S	O	G	U	S	T	A	N	O	F	Á	C	I	L

¿Cómo se dice?

Nombre ______________________

Textbook pages 228–231

○ **A. You love fantasy stories. The book you're reading now is about the president of Andalandia and the members of his family. You have drawn his family tree. Use the picture to complete the sentence.**

Students may work in pairs to make notes on the family tree by writing next to the names.

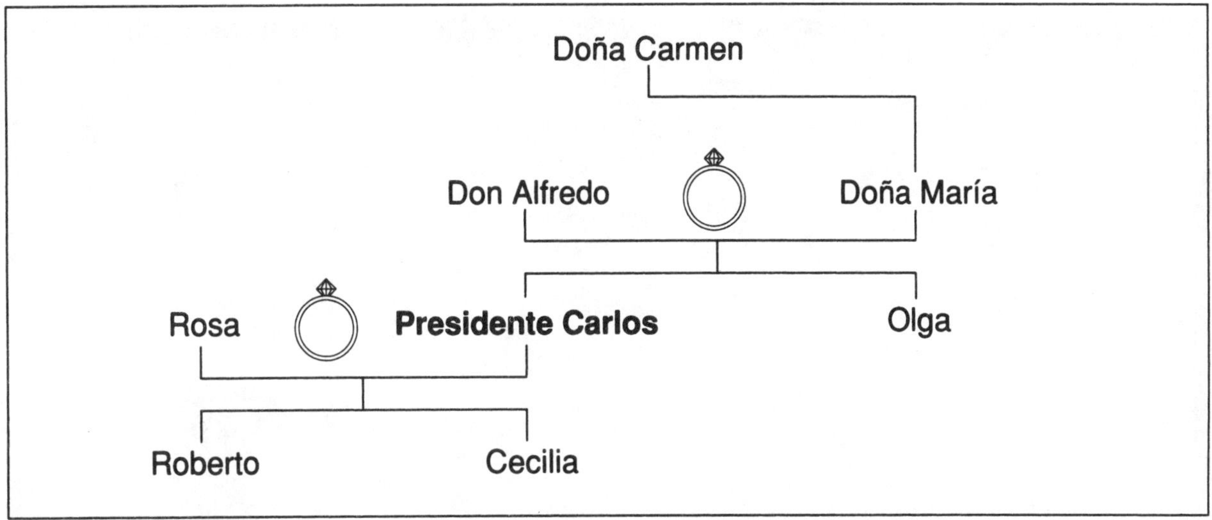

M Doña María es **la mamá** del presidente.

1. Olga es **la hermana** del presidente.
2. Doña Carmen es **la abuela** del presidente.
3. Roberto es **el hijo** del presidente.
4. Don Alfredo es **el papá *or* el padre** del presidente.
5. Cecilia es **la hija** del presidente.
6. Don Alfredo y doña María son **los papás** del presidente.

Extension: Continue the exercise by changing the point of view to that of Roberto or Cecilia (for example, **¿Cómo se llama la tía de Cecilia? ¿Cómo se llama la bisabuela de Cecilia?**).

¿Cómo se dice?

Nombre ____________________

Textbook pages 232–236

A. What is your family tree like? Draw your family tree or make up a family tree. Then write a paragraph about the family in your drawing.

Paragraphs and drawings will vary. Students may refer to page 232 in their textbooks for the format of a family tree. You may wish to restrict family trees to include the immediate family and the family of one aunt or uncle.

¿Cómo se dice?

Nombre ______________________

Textbook pages 237–241

A. You have volunteered to work in the Lost and Found booth at the school carnival. What questions do you ask people? How do they answer you? Use *mi, mis, tu, tus, su,* or *sus* to complete each question and answer.

M 

¿Es __su__ perro?

Sí, es __mi__ perro.

M 

¿Son __tus__ mapas?

Sí, son __mis__ mapas.

1. 

¿Es __su__ hijo?

Sí, es __mi__ hijo.

2. 

¿Es __tu__ papá?

Sí, es __mi__ papá.

3. 

¿Son __tus__ loros?

Sí, son __mis__ loros.

4. 

¿Son __sus__ libros?

Sí, son __mis__ libros.

5. 

¿Son __sus__ hijos?

Sí, son __mis__ hijos.

6. 

¿Es __tu__ reloj?

Sí, es __mi__ reloj.

Nombre ______________________

◐ **B.** Natán's relatives visited him on his birthday. He drew a picture of the grand family event and wrote a paragraph. Help him finish it.

(M) ___Mi___ familia es grande. (1) ___Mi___ abuelo se llama Adán. (2) ___Mi___ abuela se llama Irene. (3) ___Mis___ hermanos son León y Andrés. (4) Darío y Lucía son ___mis___ tíos. (5) ___Sus___ hijos son Rubén y Hugo. (6) ___Sus___ hijas son Nora y Ema.

Extension: Have students write five questions they would ask Natán and his relatives about the family (for example, **Tío Darío, su hijo es Rubén, ¿verdad? Andrés, ¿cómo se llama tu abuela?**).

¿Cómo se dice?

Nombre ______________________

Textbook pages 242–245

○ **A.** Look at the following people and write sentences to describe them. Use adjectives from the box below. You can use more than one for each, and you can use each adjective more than once. (Be careful: you will need to change the form of some adjectives).

alto	guapo	antipático	bajo	simpático	joven

Señora Luna | Señor García | Alejandra | Señora Flores | Señor Flores | Hugo | Señora Márquez | Señor Moreno

M Señora Luna es antipática.

M Señor García es bajo.

____

____

____

____

____

Answers may vary. Accept reasonable answers.

Nombre ______________________

B. **Have you met Valentina's family? Look at the portrait and complete the sentences.**

M **Andrea, su madre,** es simpática.

1. Gloria, su hermana, es alta.
2. Francisco, su padre, es bajo.
3. Roberto, su hermano, es guapo.
4. Bernardo y Juanita, sus abuelos, son viejos.
5. Irene y Pablo, sus tíos, son antipáticos.
6. Sus hermanos son jóvenes.
7. Valentina es baja.

C. **What is your family like? Write five sentences about your family members. On a separate sheet of paper, make a portrait that reflects what you wrote.**

____

____

____

____

Extension: Have students show each other their portraits in pairs and describe the characters so that their partner has to guess who they are describing.

¡A leer!

Nombre ______________________

Read about Óscar's family. Then answer the questions.

La familia de Óscar

Me llamo Oscar Guzmán Pérez y me gusta mucho jugar al fútbol. Tengo diez años. Vivo en Costa Rica con mis papás, mi abuelita Berta y mi hermanito Rubén. Rubén es un bebé. ¡Ah!, y nuestro gato es Pufito.

Me gusta jugar con Rubén, pero tiene sólo dieciocho meses y todavía no habla bien. A quien más quiero es a la abuelita Berta, la mamá de mi papá. Por las noches, cuando voy a dormir, siempre me cuenta historias divertidas.

Nota:
Me cuenta means *tells me.*

1. ¿Cuántos años tiene Óscar? ¿Dónde vive?

   Tiene diez años. Vive en Costa Rica.

2. ¿Cuántos hermanos tiene Óscar? ¿Cómo se llaman?

   Tiene un hermano. Se llama Rubén.

3. ¿Qué animal tiene la familia de Óscar? ¿Cómo se llama?

   Tiene un gato. Se llama Pufito.

4. ¿Por qué el hermanito no habla bien?

   Porque tiene dieciocho meses.

5. ¿Quién es la mamá del papá de Óscar?

   La abuela Berta.

6. ¿Qué hace siempre la abuelita Berta por las noches?

   Le cuenta historias divertidas.

Nombre ______________________

CONEXIÓN CON LA CULTURA

Do you remember that people in many Spanish-speaking countries use both parents' last names *(los apellidos)?* Traditionally, the father's last name goes first, and the mother's maiden name goes second.

Get together with four classmates. Write what your full name would be based on this custom. Ask your classmates for their father's last name and for their mother's maiden name and write it down.

Nombre	Primer apellido	Segundo apellido

Some children might not know their mother's maiden name. Have them find out prior to doing this activity.

Nombre ______________________

A suffix is a set of letters that you attach to the end of a word to give the word a different meaning. For example, the endings **-ito, -itos, -ita,** and **-itas** are suffixes. When you add them to the end of a word, you change the meaning to indicate smallness or affection.

Compare the following lists of words in Spanish and English:

Spanish		English	
rojo	roj**izo**	red	redd**ish**
el niño	la niñ**ez**	child	child**hood**
tonto	la tonter**ía**	foolish	foolish**ness**
blanco	la blanc**ura**	white	white**ness**
el amigo	la amis**tad**	friend	friend**ship**
terrible	terrible**mente**	terrible	terrib**ly**

In each example, the meaning of the word changes because the suffix was added. When you know how suffixes work, you have a good clue to guessing the meanings of new words.

See how well you can spot a suffix. Read the following sentences and underline each word that you think has a suffix.

Me gusta la frescura de la mañana. I like the coolness of the morning.

Diana aprende fácilmente. Diana learns easily.

No me gusta la oscuridad de la noche. I don't like the darkness of the night.

La verdura del verano es bella. The greenness of summer is pretty.

In the sample sentences, help students identify the words to which the suffixes were added: **fresco, frescura; fácil, fácilmente; oscuro, oscuridad; verde, verdura.** Assure students that for the time being, they are not expected to memorize the meanings of the suffixes. As they progress in their study of Spanish, they will learn about suffixes and how to add them to words.

Nombre ______________________

La sopa de letras

Find the secret words in the alphabet soup. Cross out the letters for each word in the list. With the letters that are left, form the secret words.

papá	hermano	hijo	mamá	nieto
nieta	abuela	hermana	hija	abuelo

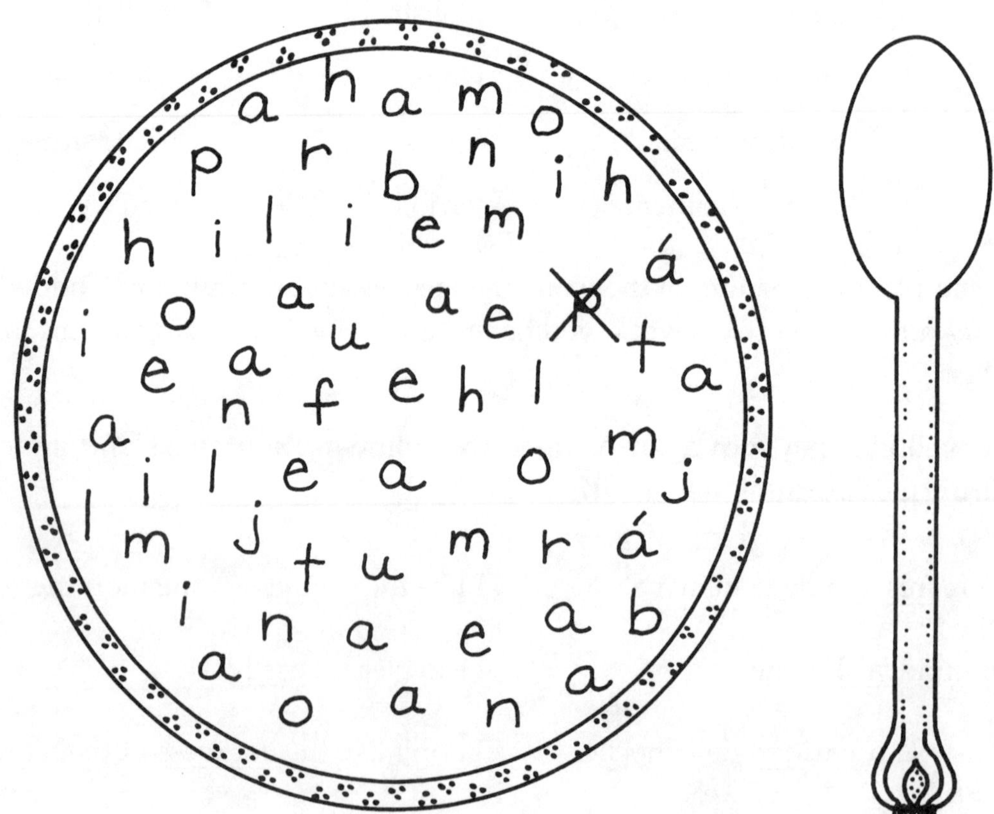

Las palabras secretas: l a   f a m i l i a

Nombre ______________________

A. **Write a sentence using *tener* that describes what is happening to the boy in the picture.**

Tiene frío.

1. 
Tiene hambre.

2. 
Tiene sed.

3. 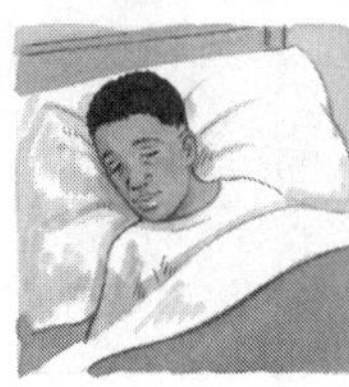
Tiene sueño.

4. 

No tiene razón.

5. 
Tiene prisa.

6. 
Tiene la gripe.

7. 
Tiene miedo.

8. 
Tiene calor.

9. 
No tiene suerte.

Nombre ____________________

B. **Look at this mixed-up conversation. In one of them, Pedro, an 8-year-old boy, is talking to his music teacher. In the other, Emma and Juana are talking. Can you put the conversations together?**

____ Muy bien, gracias. ¿Y tú?

____ No, yo voy a clase de inglés.

____ Bien, gracias. ¿Va a la clase de música?

____ Yo voy a clase de inglés.

____ Bien, gracias. ¿Te gusta la clase de música?

____ Hola, ¿cómo estás?

_✓_ Buenos días, Srta. Álvarez. ¿Cómo está usted?

____ Muy bien, ¿y tú, Emma?

____ Sí, ¿y tú, a qué clase vas?

____ Sí, mucho. Ahora voy a clase de música. ¿Y tú?

Pedro y su maestra:	**Emma y Juana:**
Buenos días, Srta. Álvarez. ¿Cómo está usted?	Hola, ¿cómo estás?
Muy bien, gracias. ¿Y tú?	Muy bien, ¿y tú, Emma?
Bien, gracias. ¿Va a la clase de música?	Bien, gracias. ¿Te gusta la clase de música?
Sí, y tú ¿a qué clase vas?	Sí. Ahora voy a clase de música. ¿Y tú?
Yo voy a clase de inglés.	No, yo voy a clase de inglés.

Extension: Have the students act out the conversations in pairs to check their answers.

Nombre ________________________________

C. Here's a short interview about your weekly activities. Answer each question, saying on which day and at what time (or in which part of the day) you do these things:

M ¿Cuándo vas a la biblioteca?

Voy a la biblioteca los lunes y los jueves por la tarde.

1. ¿Cuándo estudias?

Answers will vary.

2. ¿Cuándo caminas por el parque?

____

3. ¿Cuándo usas la computadora?

____

4. ¿Cuándo practicas deportes?

____

5. ¿Cuándo vas al cine?

____

6. ¿Cuándo vas a clase de arte?

____

7. ¿Cuándo vas a la escuela?

____

8. ¿Cuándo vas a comprar a la tienda?

____

9. ¿Cuándo vas a jugar a la casa de tus amigos?

____

Nombre ______________________

D. **What class are these people talking about? Read the answers and write the questions, using the verb *gustar.***

M ¿Te gustan las ciencias?

—Sí, mucho. Me gusta la naturaleza, los animales...

1. ¿Te gustan las matemáticas?

—¿Las matemáticas? Sí, mucho.

2. ¿A Elsa le gustan los estudios sociales?

—¿A Elsa? Sí, mucho. Ella tiene un globo y estudia las capitales.

3. ¿Te gusta la lectura?

—Sí, porque me gusta leer historias como *The Jungle Book* o *Tom Sawyer...*

4. ¿Te gusta la educación física?

—No. No me gustan los deportes.

5. ¿Le gusta el español?

—No, porque no le gusta estudiar otras lenguas.

Nombre ______________________

E. **You have taken these photos for the school yearbook. Write captions for them. Use the verbs in the box.**

cocinar	leer	nadar	usar	comer

M 

Ellos cocinan.

1. 

Yo uso la computadora.

2. 

Él lee un libro.

3. 

Nosotros comemos en la cafetería.

4. 

Tú nadas.

Nombre ____________________

F. **You are about to meet Carla's family. She has explained who everyone is, but it is really complicated! Now she has drawn her family tree to help you. Look at the tree and answer the questions.**

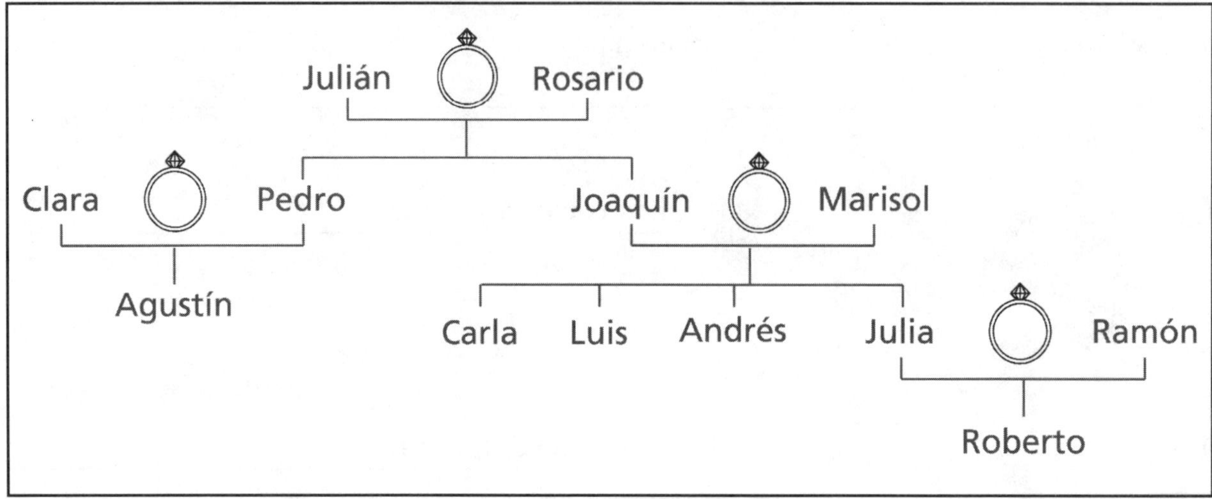

M ¿Quién es su abuelo?

Julián es su abuelo.

1. ¿Cómo se llaman sus tíos?

   Sus tíos se llaman Pedro y Clara.

2. ¿Cuántos hermanos y hermanas tiene?

   Tiene dos hermanos y una hermana.

3. ¿Sus hermanos tienen hijos?

   Luis y Andrés no tienen hijos, pero Julia tiene un hijo.

4. ¿Quién es Agustín?

   Agustín es el hijo de Pedro y Clara.

5. ¿Quién es la abuela de Carla?

   Rosario es la abuela de Carla.

6. ¿Cómo se llama el sobrino de Carla?

   El sobrino de Carla se llama Roberto.